**Eine Stadtrundfahrt durch Stuttgart
auf den Spuren von Faschismus und Widerstand**

Impressum:

Stephan Best, Doris Hensinger, Eberhard Schmid:
Damit kein Gras drüber wächst! Stuttgart, Januar 1991.
Herausgegeben vom Kreisverband Stuttgart
der Gewerkschaft Erziehung und Wissenschaft.
Druck und Weiterverarbeitung:
Werkstätten des Rudolph-Sophien-Stiftes,
Kolbstr. 4 b, 7000 Stuttgart 1, Tel.: 0711/60 11 - 0
Vertrieb: Süddeutscher Pädagogischer Verlag GmbH,
Sudetenstr. 32, 7140 Ludwigsburg, Tel.: 07141/8 90 80.

ISBN-Nr. 3-922366-16-3

2. Auflage Juni 1991

1991 erscheint ein Video-Film über den Stuttgarter Widerstandskämpfer
Hans Gasparitsch. Er kann über die Bildstelle der Stadt Stuttgart, Außenstelle
Neugereut, ausgeliehen werden.

"Damit kein Gras drüber wächst!"

Eine Stadtrundfahrt durch Stuttgart auf den Spuren von Faschismus und Widerstand

Stephan Best, Doris Hensinger, Eberhard Schmid

Herausgegeben vom Kreisverband Stuttgart
der Gewerkschaft Erziehung und Wissenschaft

Stuttgart, Januar 1991

NICHTS IST SCHWERER UND
NICHTS ERFORDERT
MEHR CHARAKTER
ALS SICH IM OFFENEN
GEGENSATZ
ZU SEINER ZEIT
ZU BEFINDEN UND

LAUT ZU SAGEN
NEIN!

TUCHOLSKY

Inhaltsverzeichnis

Seite

Vorwort von Hans Gasparitsch	5
Vorbemerkung der GEW Stuttgart	7
Stadtplan	36
Hinweise zur Durchführung einer Stadtrundfahrt	9

Station	Inhalt	Seite
Karlsplatz	historische Umgebung	10
"Hotel Silber"	Geschichte des "Hotels Silber" Gestapo-Hauptquartier Württemberg Faschistische Unterdrückung, Staatsterror Lina Haag und Lilo Herrmann Gefängnisse in Stuttgart Hinrichtungsstätte Gerichtsviertel	10
	Die Rolle der Justiz	16
Hoppenlau- friedhof oder: Killesberg Gedenkstein	Judenverfolgung in Stuttgart Killesberg Sammellager Rolle der Wissenschaft Euthanasie	17 23 24
Rossebändiger	Jugend im Widerstand: Gruppe G	27
Werderstr.12 Süddt. Rundfunk	Beispiele des illegalen Widerstands Die Kabelaktion Die Schoettle-Gruppe Transportkolonne Otto Das Kettensystem	33
Annastr.6 Luginsland oder Friedhof Untertürkheim	Die Gruppe Schlotterbeck Arbeiterbewegung in Stuttgart vor '33	39 43

Firma Bosch oder Mercedes Benz	Rolle der deutschen Industrie: Bosch und Daimler als Beispiele für die Nutznießer des Faschismus Einheit von faschistischem Staat und Industrie. Deutsche Arbeitsfront - Volksgemeinschaft gegen Klassenkampf	45
Marktplatz/ Friedhof Steinhaldenfeld	Faschismus bedeutet Krieg Stuttgart im 2. Weltkrieg Brief eines sowjetischen Zwangsarbeiters Fliegeropfer auf Stuttgarter Friedhöfen Monte Scherbelino	53
Gewerkschaftshaus	Wie den Faschismus verhindern? Erfahrungen aus der Geschichte: Rolle der SPD, KPD, Gewerkschaftsführung Bedeutung der antifaschistischen Einheit	57
Mahnmal	Form und Text	64

Anmerkungen	65
Anhang	67
Literaturverzeichnis	73
Bild- und Dokumentennachweise	74

Vorwort:

Die Vergangenheit ist nie "vergangen", für den einzelnen nicht und nicht für das ganze Volk. Ob man sie verdrängt, verleugnet oder zu vergessen sucht, sie bleibt unser ständiger Begleiter. Man sollte sich dazu bekennen und die Konsequenzen daraus zu Bausteinen der Gegenwart und Zukunft machen. Darum halte ich die antifaschistische Stadtrundfahrt so wichtig und stelle mich seit Beginn dieser Fahrten als Zeitzeuge zur Verfügung.

Wenn ich zurückblicke, als einer vom Jahrgang 1918, in Kriegs- und Notzeiten geboren, aufgewachsen und durch die Höllen der Hitler-Diktatur gezwungen, dann denke ich nicht nur an die Nackenschläge und Blessuren, die mir erteilt wurden, sondern vor allem auch an die tätige Liebe und Solidarität, die ich immer wieder erfahren durfte und die letztendlich in der KZ-Haft mich am Leben hielt und bis heute mein Leben so wertvoll macht.

1945 nach der Befreiung - nicht "Niederlage", wie es offiziell immer noch lautet! - waren wir übriggebliebenen aus rund 20 Nationen im KZ Buchenwald auf dem Appellplatz aufmarschiert und schwuren:

"Wir stellen den Kampf erst ein, wenn auch der letzte Schuldige vor den Richtern der Völker steht. Die Vernichtung des Nazismus mit seinen Wurzeln ist unsere Losung. Der Aufbau einer neuen Welt des Friedens und der Freiheit ist unser Ziel."

Nach 12 Jahren nazistischer Gängelung, Unterdrückung jedes freien und humanistischen Gedankens, Terrors und Krieg hatten wir die Zuversicht, daß unser Volk für ewig sich lossagt und immun bleibt gegen das Gift der Hitlerschen "Heils"-Lehren. Aber wie ist es gekommen? Nachdem uns die Demokratie und der Dollarsegen von den westlichen Alliierten geschenkt wurden und der kalte Krieg gegen den kommunistischen Feind im Osten und im Bundesgebiet begann, wurden die meisten Wurzeln des Nazismus zugedeckt oder sogar wieder genährt.

Erhard Eppler benannte die latente Gefahr der unbewältigten Vergangenheit in seiner Gedenkrede im ehemaligen KZ Oberer Kuhberg im November 1978 so: "Der Nationalsozialismus war im Grunde nie mehr als ein Sammelsurium von Feindbildern; ein Rutenbündel aus Antisozialismus, Antikommunismus, Antiliberalismus, Antisemitismus, aus kapitalistischen Vokabeln und schließlich auch aus einem gehörigen Maß von antiintellektuellen und antichristlichen Ressentiments. Aber wer garantiert uns, daß nicht eines Tages ein neues Bündel aus Feindbildern und Ressentiments gebunden wird?"

Wer kann es heute den Völkern verdenken, wenn sie angesichts der neuen Größe Deutschlands besorgt sind, ob nicht die alten Rutenbündel der Nazi-Ideologie ausgegraben werden? Mancherlei Anzeichen erschrecken:
Die Schändungen von KZ-Gedenkstätten und Juden-Friedhöfen, die revisionistischen Parolen von Führern der Vertriebenen, der vielfach tätliche Haß gegen Ausländer und Asylanten, die ungehinderte Propaganda der rechtsextremen Organisationen und Presse-Erzeugnisse.

Am erschreckendsten ist die Tatsache, daß die deutsche Rüstungsindustrie entgegen den Gesetzen Konstruktionsteile und Knowhow von Massenvernichtungswaffen in Krisengebiete verkauft. Und wenn wir uns nicht wehren, folgen bald deutsche Soldaten nach. Kein Wunder, die Waffenschmieden erzielten im Hitler-Krieg Supergewinne - doch die ausgebeuteten Zwangsarbeiter warten bis heute auf eine Entschädigung.

Wir ehemaligen Widerstandskämpfer und Verfolgte in der Hitler-Ära wundern uns nicht über diese Geschwüre in unserer Demokratie. Trotz unserer Mahnung und Gegenwehr wurden wenige Jahre nach Kriegsende alle belasteten Beamte der Verwaltung und Justiz wieder eingestellt, soweit sie nicht schon ihre Pension erhielten. Der Sondergerichtshof-Präsident in Stuttgart, Hermann Cuhorst, der viele Todesurteile auf dem Gewissen hat, wurde nie vor ein deutsches Gericht gestellt. Dessen Schandurteile wurden nicht einmal aufgehoben und als nicht rechtens erklärt. Die SS-Angehörigen können ungestört in ihren Traditions-Verbänden, wie der HIAG, ihre "Heldentaten" feiern und erhalten dazu noch die Gemeinnützigkeit. Der Marinerichter Filbinger, der nach Kriegsende noch einen Soldaten wegen Desertation zum Tode verurteilte, konnte in unserem Lande Ministerpräsident werden.

Und wieder gibt es Professoren, die die Schuld am Ausbruch des 2.Weltkriegs von Hitler, seinen Generalen und den dahinterstehenden Wirtschaftskapitänen auf andere Völker abwälzen wollen. Es soll vergessen gemacht werden, daß Hitler schon im Februar 1933 den Befehlshabern der Reichswehr versprach: "Im Innern Ausrottung des Marxismus mit Stumpf und Stiel ..., Beseitigung des Krebsschadens der Demokratie ... Nach außen Eroberung neuen Lebensraums im Osten und dessen rücksichtslose Germanisierung."

Dagegen wandte ich mich als 16jähriger Lehrling, als dieser zynische und perverse "Nationalsozialismus" in mein Leben einbrach und es total veränderte. Was ich in den Schriften und Büchern der Sozialisten, Pazifisten und Humanisten als meinen Lebenstraum herausgelesen hatte, das wollte ich mir und der ganzen Jugend erhalten:
Soziale Gerechtigkeit für alle, Toleranz und Freundschaft mit allen, Kultur und Bildung für jeden - über alle Grenzen hinweg. Und Frieden für alle Völker der Welt. Das ist mein Traum auch heute noch!

Hans Gasparitsch

Vorbemerkung

DIE SICH AN VERGANGENES NICHT ERINNERN, SIND DAZU VERURTEILT, ES NOCH EINMAL ZU ERLEBEN

George Santayana

Im November 1989 entstand während einer antifaschistischen Stadtrundfahrt durch Stuttgart mit zahlreichen Schülern und deren Eltern der Wunsch, die mitgeteilten Informationen in gedruckter Form nocheinmal nachlesen zu können. Diese Idee verdiente es, umgesetzt zu werden.

Wozu bedarf es nach 45 Jahren institutionalisiertem Antifaschismus in Gestalt zweier deutscher Republik-Versuche mit unterschiedlichen weltanschaulichen und materiellen Voraussetzungen und politischen Resultaten noch einer Stadtrundfahrt durch Stuttgart, während der an Zeiten erinnert wird, die längst als überwunden geglaubt werden?

Die Teilung Deutschlands, eine Folge eben jener faschistischen Verbrechen, bzw. ein Produkt des Sühneanspruchs der Siegermächte und Akt letzten gemeinsamen Willens zur Allianz gegen Nazi-Deutschland, scheint der Vergangenheit anzugehören. Ebenso der Kalte Krieg, der jene Teilung beinahe bis hin zur atomaren Selbstvernichtung hätte treiben können. Kriege - zwischen EG- und NATO-Partnern undenkbar - finden allenfalls an den Peripherien im schärfer werdenden Nord-Süd-Gegensatz statt. Der Einsatz deutscher Soldaten, obwohl noch vor kurzem als grundgesetzwidrig von breiten Mehrheiten abgelehnt, wird von den politisch Verantwortlichen öffentlich gefordert und seine Legalisierung geplant. Wird Europa eine neue militärisch-industrielle Supermacht, wiewohl unter dem Mantel der Vereinten Nationen, oder wird es für einen Frieden eintreten, der mehr sein wird, als die bloße Abwesenheit von Krieg?

Muß nicht auch die Frage nach bevorstehenden Herausforderungen der bundesrepublikanischen Demokratie auch und gerade nach dem erfolgten Anschluß der fünf neuen Bundesländer dringend gestellt werden? Wie wird die zu erwartende Staatsverdrossenheit der Vereinigungsverlierer politisch verarbeitet werden? Was passiert, wenn die D-Mark-Versprechungen nicht den erhofften Wohlstand in den neuen deutschen Ländern bescheren? Wird diese Demokratie sich als fähig erweisen, befriedigende Antworten zu geben auf die "neue Armut" der Zweidrittel-Gesellschaft? Und (wie) wird es ihr gelingen, angesichts dringend zu verändernder Weltmarktbedingungen zugunsten der Dritten und Vierten Welt und knapper werdender Ressourcen bei Rohstoffen und selbst sog. Freien Gütern der Natur, wie Wasser und Luft, den sich zwangsläufig verschärfenden Verteilungskämpfen standzuhalten, ohne zu autoritären Staatskonzepten Zuflucht zu nehmen? Gleichgültig aus welchen Motiven und von welchen Kräften auch immer derartige Planspiele bereits in Dateien und Schubladen verwahrt werden, die Antwort darauf bleibt "niemals wieder"! Denn zur Erinnerung an Vergangenes gehört auch das Gewahrwerden geschichtlicher Zeugnisse für das vielfache Leid von Menschen, die unter Staatsterror zu leiden hatten. So wird Erinnerungs- und Trauerarbeit zumal dann den Intentionen der Verfasser gerecht, wenn sie bei den TeilnehmerInnen dieser Rundfahrt zur Sensibilisierung gegenüber alten wie neuen Bedrohungen beiträgt.

Laut Verfassungsschutzbericht droht der immer wehrhafteren Demokratie auch trotz Einzug der sog. REP's in Länderparlamente keinerlei Schaden, Gewalt in Fußballstadien, zunehmende Gewaltbereitschaft allgemein ,gegen Jugendhäuser, Einwanderer -Heime und zuletzt gegen jüdische Grabstätten scheinen in keinem erkennbaren Zusammenhang mit historischen Revisionsversuchen der vergangenen zehn

Jahre zu stehen, die von der sog. "Auschwitz-Lüge" bis hin zum Historiker-Streit reicht. Wer in diesen Zeiten Jugendliche zu unterrichten hat, weiß, daß er/sie wenig praktikable Unterstützung in hiesigen Bildungsplänen finden kann, wie antidemokratischen Bedrohungen begegnet werden soll und wie sich die Schule solchen gesellschaftlichen Herausforderungen stellen kann.

Seit Jahren werden in Stuttgart mit unvermindertem Interesse vor allem mit Jugendlichen unterschiedlicher Jahrgangsstufen und Schultypen "antifaschistische Stadtrundfahrten" durchgeführt. Auch für Pädagogen und andere historisch interessierte Menschen ermöglichte dieses Angebot des Stadtjugendrings, Geschichte nicht zuletzt von ihren Schattenseiten vor Ort erfahren zu können. Während Geschichte sonst - zumal die Jahre von 1933-45 - ungefährlich fern erscheint, bringen diese Rundfahrten ihre Teilnehmer zu Bauwerken, Stadtbezirken sowie zu bislang für das eigene geschichtliche Bewußtsein bedeutungslos gebliebenen Zeugnissen. Auf diese Weise vermag, was aus dem schulischen Zusammenhang vielfach bloßer Lehrstoff war, mit der eigenen Umwelt in Verbindung gebracht zu werden.

Diese "antifaschistischen Stadtrundfahrten" sind gerade aus der Sicht einer Gewerkschaft, die sich im Bildungs- und Erziehungsbereich demokratischen Zielen verpflichtet weiß, in vielfacher Weise zu unterstützen und nach Kräften zu fördern. Waren es doch vor allem und zuerst die Organisationen der Arbeiterbewegung, die in Deutschland vor der restlosen Zerschlagung der Demokratie und dem Beginn des offenen Terrors der faschistischen Machthaber nach innen und nach außen an ihrer Widerstandskraft gehindert werden mußten.

Leider ist die alte Forderung Stuttgarter Antifaschisten nach einer angemessenen Gedenkstätte noch nicht erfüllt, wo die Bürger der Stadt und besonders die Jugend Gelegenheit erhält, sich mit dem Faschismus historisch und aktuell auseinanderzusetzen. Daß Bedarf dafür besteht, haben die "Ausstellungen unterm Turm" bewiesen.

Der Kreisverband der GEW-Stuttgart begrüßt es daher, daß die Autoren mit ihrer Broschüre den Versuch gemacht haben, den Bestand an Erfahrungen mit den Stadtrundfahrten zu sichern. Durch ihren Beitrag haben diese KolleginInnen nicht zuletzt der unvermeidlichen Tatsache Rechnung getragen, daß eine Führung solcher Stadtrundfahrten durch Zeitzeugen in absehbarer Zeit unwiederbringlich der Vergangenheit angehören wird. Waren es doch gerade jene Veteranen und Veteraninnen, die durch ihr persönliches Zeugnis sowohl die selbsterlebte Grausamkeit als auch ihre Überlebensversuche bis hin zum lebensbedrohten Widerstand so glaubwürdig uns Nachgeboren mitteilen konnten.

Stephan Best

Stephan Best

Stellvertr. Kreisvorsitzender der GEW Stuttgart

Hinweise zur Durchführung einer Stadtrundfahrt:

Wir haben die Stationen in inhaltliche Blöcke aufgeteilt, die es ermöglichen, selbst die Reihenfolge zu bestimmen und Schwerpunkte zu setzen, je nach Alter und Vorwissen der Teilnehmer. Vieles kann auch im Bus während der Fahrt erzählt werden. Gut bewährt hat sich, wenn durch einen zweiten (möglichst geübten) Sprecher Briefe, Gedichte, wesentliche Zitate usw. vorgetragen werden. Sicher wird man nicht alles sagen können. Die interessierten Teilnehmer können sich diese Broschüre zur weiteren eigenen Beschäftigung und Vertiefung erwerben.

Routenvorschlag für eine Tagestour:
Wegen der günstigeren Parkmöglichkeiten ist ein Sonntag dafür am geeignetsten. Wir schlagen vor: Beginn 10.00 Uhr , Mittagspause, Abschluß gegen 16.30 Uhr.

* Treffpunkt Karlsplatz
* "Hotel Silber"
* über Justizviertel
* Hoppenlau Friedhof
* über Weimarstr, Fritz Elsas-Str., Hospitalstr, Tagblatt-Turm zum
* Neckartor, zu den Rossebändigern
* Werderstr./Süddt. Rundfunk
* Bosch Feuerbach

Pause
* Hauptfriedhof Steinhaldenfeld
* Annastr.6 in Luginsland
* Gewerkschaftshaus
* Mahnmal für die Opfer des Faschismus

Kleine Route - Dauer ca. 3 Stunden:
* Treffpunkt Karlsplatz
* "Hotel Silber"
* Hoppenlau Friedhof
* Werderstr./Süddt. Rundfunk
* Rossebändiger
* Marktplatz
* Mahnmal für die Opfer des Faschismus

Rundgang zu Fuß, ca. 2-3 Stunden:
* Beginn Werderstr/Süddt. Rundfunk, über die Unteren Schloßgarten
* Anlagen zu den Rossebändigern.
* Durch Mittlere und Obere Schloßgarten-Anlagen an den Staatstheatern und dem Landtag vorbei zum "Hotel Silber".
* Hinweis zum Justizviertel.
* Mahnmal.
  Über die Hirschstr. zur Fritz-Elsas-Straße zur Hospitalstr.: Synagoge.
* Von dort aus zum Gewerkschaftshaus und mit der Straßenbahnlinie 14 wieder zurück zum Süddt.Rundfunk.

Ausgangspunkt: Karlsplatz

Wir beginnen die antifaschistische Stadtrundfahrt auf dem Karlsplatz, der gut geeignet ist, uns kurz einen historischen Überblick zu verschaffen. Das Alte Schloß (erbaut 1557 - 1587) ist das Sinnbild des Feudalsystems. Das Neue Schloß ließ Herzog Carl Eugen ab 1746 (bis 1806) im Stil des absolutistischen Barock erbauen. Das Reiterdenkmal auf diesem Platz erinnert an Kaiser Wilhelm I. Es ist Sinnbild des deutschen Imperialismus und Militarismus vor dem 1. Weltkrieg. 1918 wurde ihm in den Revolutionstagen die Zipfelmütze aufgesetzt. Auf dem Dach des Wilhelmspalais, war zur gleichen Zeit die rote Fahne der Arbeiter- und Soldatenräte geflaggt.Aus ihm wurde der letzte König von Württemberg, Wilhelm II, verjagt unter Rufen und Plakaten mit der Aufschrift:"Hoch die sozialistische Republik!" Und nicht weit von hier das "Hotel Silber", der Inbegriff des NS-Terrors in Stuttgart.

Station:
"Hotel Silber" / Dorotheenstraße

Dieses Gebäude in der Dorotheenstr. war während des Faschismus einer der berüchtigsten Folterorte Württembergs. 1844 wurde es als Gasthof "Zum Bahnhof" gebaut, 1874 wurde es das "Hotel Silber". Ab 1928 wurde es von der Polizei benutzt, und es begann die Geschichte des "Hotels Silber", wie es lange im Volksmund genannt wurde, als einer Stätte der Qual. Die Gestapo benutzte es von 1933 - 45 als ihr Hauptquartier in Württemberg. Auch nach dem Krieg war es wieder ein Polizeigebäude. 1979 wurde seitens der Stadt überlegt, ob es abgerissen oder umgebaut werden soll. Stuttgarter Antifaschisten fordern bis heute, daß es in eine Gedenkstätte für die Opfer des Faschismus und des Freiheitskampfes der Stuttgarter Bevölkerung seit dem Bauernkrieg umgewandelt werden soll. Daraus ist aber - wie man sieht - nichts geworden: Es wurde aufwendig umgebaut, die Gitterstäbe der Zellen und Vernehmungszimmer, die bis vor kurzem noch auf der Rückseite des Gebäudes zu sehen waren, sind verschwunden. Auch die Zellen selbst mit den eingekratzten Namen, Daten und Texten der Gestapohäftlinge wurden herausgerissen. Das Innenministerium hat jetzt dafür ein repräsentatives Gebäude mit den Abteilungen Landesentwicklung, Verkehr und Straßenbau.

Wer an diesem Gebäude vorbeigeht, ahnt nicht, daß hier für viele Menschen der Leidensweg begann.

Lina Haag, kommunistische Hilfsarbeiterin und Kindermädchen, die Frau des jüngsten kommunistischen Landtagsabgeordneten Alfred Haag, beschreibt in ihrem Buch " Eine Handvoll Staub" ihre Verhöre im "Hotel Silber". Sie wurde 4 1/2 Jahre lang in Gefängnissen und Konzentrationslagern wegen Untergrundarbeit gegen die Nazis herumgeschleift und dann endlich entlassen. In ihrem Buch beschreibt sie, wie sie dann um die Freilassung ihres in den KZs Kuhberg, Dachau und Mauthausen geschundenen Mannes kämpfte.

Hierher wurde auch **Lilo Herrmann** nach ihrer Verhaftung gebracht. Von 1929 bis 1931 studierte sie an der Technischen Hochschule in Stuttgart und arbeitete eng mit Friedrich Wolf, dem Arzt und Schriftsteller, zusammen. Sie wollte Kinderärztin werden, war in der kommunistischen Jugendarbeit tätig, verdiente sich ihr Studium nebenher mit Fabrikarbeit.

Willi Bleicher : Erfahrungen im Widerstand:
"Nachdem ich zwei Monate nach dem 30. Januar 1933 in Stuttgart illegal mich aufhielt und politisch gegen den Faschismus arbeitete, hektogrphierte Flugblätter gegen den Faschismus herstellte, einen Verteilerapparat aufbaute, Nacht für Nacht hier bei einem Arbeitersportler, dort bei einem Naturfreund oder Freidenker oder Gewerkschaftler übernachtend, legte man mir nahe, jetzt in die Emigration überzuwechseln. (...) Ich lebte gleichsam von der Solidarität der Arbeitslosen, die längst ausgesteuert waren. Von diesem 50 Pfennig, vom anderen 20 Pfennig, das waren große Opfer. Mahlzeiten habe ich selten eingenommen, es sei denn, ich bekam ein Stück Brot, manchmal auch ein Stück Wurst an einer Krankenhauspforte. Oft schlief ich in den Gärten, immer in der Furcht, dem Besitzer oder einem Feldhüter in die Hände zu geraten. Zu dieser materiellen Not kam die politische Trostlosigkeit jener Tage. In den damaligen Arbeitervierteln Stuttgarts und überall hingen die Hakenkreuzfahnen aus den Häusern, gleichsam manifestierend, daß man jetzt auch einer der ihrigen sei. Man registrierte, daß dieser oder jener Genosse, Gewerkschaftler, Arbeitersportler, mit dem man jahrelang zusammengearbeitet hatte, befreundet war, zu den Nazis überwechselte. Man mußte zur Kenntnis nehmen, daß eine Gruppe hochgegangen und verhaftet, daß dieser oder jener, den man gekannt, erschlagen oder auf der Flucht erschossen wurde. Oh, wie grausam gründlich, brutal im Blute watend, korrigierte der Faschismus die Schwächen, Halbheiten, Fehler der politischen Arbeiterbewegung."(Willi Bleicher: Stationen des Kampfes. in: Die Kinder des roten Großvaters, hrsg. von Erasmus Schöfer, Frankfurt/Main 1976, S. 58)

"Hotel Silber" mit Gitterstäben vor der Renovierung.

"Hotel Silber" heute.

Wegen Unterzeichnung eines Aufrufs gegen Faschismus und Krieg wurde sie 1933 von der Universität Berlin verwiesen, und kehrte 1934 nach Stuttgart zurück. Sie sprach mit Arbeitern, die bereits in der Rüstungsproduktion steckten, erkundete mit ihnen die geheime Aufrüstung und brachte die Meldung darüber in die Schweiz. Sie klärte über die Kriegsgefahr auf. Am 7.12. 35 wurde sie verhaftet und kam dann in das Frauengefängnis in der Weimarstr (heutiges Finanzamt, früher Rotebühlkasernen). Neben Schlägen und persönlichen Schikanen wurde sie besonders mit ihrem 2jährigen Kind unter Druck gesetzt, um von ihr die Namen der übrigen Mitglieder des Widerstandskreises innerhalb der südwürttembergischen Rüstungsindustrie zu erfahren. Im Juni 1937 fand in Stuttgart die Verhandlung des Volksgerichtshofs statt. Sie wurde zum Tode verurteilt und als erste deutsche Antifaschistin am 20. Juni 1938 in Berlin hingerichtet. "Es ist mir schwer zu gehen und auch von meinem Kind Abschied zu nehmen, aber noch schwerer ist es, weil ich weiß, daß unser Volk dem Krieg entgegengeht.",schreibt Lilo Herrmann vor ihrem Tod. ((W. Bohn, Stuttgart geheim, S. 132).

Der **Senat der Universität Stuttgart** lehnte die Forderung, ein Denkmal für sie zu errichten, ab. Deshalb haben 1988 antifaschistische Studenten und Bürger Stuttgarts zwischen K1 und K2 im Stadtgarten einen Gedenkstein errichtet mit der Inschrift:"Der ersten von den Nazis am 20.Juni 1938 hingerichteten Widerstandskämpferin".

Allein in Stuttgart wurden bis 1944 urkundlich belegt 419 Todesurteile vollstreckt. Die **Hinrichtungsstätte** war im Lichthof in der Urban-/Archivstr. - im Gerichtsviertel. Nach den Bombardierungen im September 1944 wurden die Todesurteile nur noch in Bruchsal vollstreckt. Das Untersuchungsgefängnis - genannt "Langer Bau" war in der Archivstraße. Es wurde inzwischen abgerissen. Sein Ersatz ist die Justizvollzugsanstalt in Stammheim. Weitere **Gefängnisse** waren: Der Keller in der heutigen "Werkstatt"oder Jugendhaus Ost, das Frauengefängnis in der Weimarstr., die "Büchsenschmiere" in der Büchsenstraße als Polizeigefängnis, wo heute das Hotel Herzog Christoph steht, die "Stadtdirektion" in der Straße Bebenhäuser Hof beim Rathaus. Im Amtsgerichts-Gefängnis in Cannstatt in der Liebenzellerstraße war die Gruppe Schlotterbeck inhaftiert.

Wenn man in das ehemalige Hotel Silber reinkann, kann man ja fragen, warum die Gedenktafel nicht außen angebracht wird, wenn das Gebäude schon nicht als Gedenkstätte genutzt wird.

Das ehemalige Hotel Silber steht auf unserer Stadtrundfahrt für die faschistische Unterdrückung nach innen, für den offenen **Staatsterrorismus**. Bevor es gegen andere Völker und Länder ging, mußte der Widerstand der Arbeiterbewegung, der demokratischen Parteien und Organisationen gebrochen werden. Mit dem Großteil der aktiven Opposition im Gefängnis oder KZ, mit Folter und Mord, Bespitzelung und Einschüchterung wurde die gesamte Gesellschaft unter das neue Kommando gestellt.

Solidaritätsaktion für Lilo Herrmann
Auszüge aus einem illegalen Flugblatt

Hilfe!!
Einer jungen Mutter droht das Henkerbeil

Am 22. Juni 1937 wird die 28 jährige Studentin
LILO HERRMANN
vom Volksgerichtshof zu Stuttgart wegen Hochverrat zum Tode verurteilt. Wer ist LILO HERRMANN? Sie stammt aus einer bürgerlichen, arischen Ingenieursfamilie. Schon früh ist sie eine eifrige Kämpferin für Frieden, Freiheit u. Recht. Nachdem sie Hochschülerin geworden ist, muss sie sich bald selbst ihr Brot verdienen, da sie unabhängig sein will. Tagsüber studiert sie Chemie, abends arbeitet sie in einer Fabrik, in den Ferien auch als Dienstmädchen. Nach Hitlers Machtantritt wird sie von der Universität relegiert. Ein Jahr darauf wird sie Mutter u. erlebt eine Zeit glücklicher Stunden in ihrem schweren Leben. Das Kind ist ein Jahr, da wird ihm seine Mutter entrissen. LILO HERRMANN wird verhaftet u. nach vielen Monaten Untersuchungsverfahren u. Misshandlungen zum Tode verurteilt. Ihre Gesinnung, die sie auch in Haft u. vor Gericht nie verschwieg, ist der alleinige Grund ihrer Verurteilung. DAS IST DAS ERSTE MAL IN DER DEUTSCHEN GESCHICHTE, DASS EIN FRAU AUS REIN POLITISCHEN GRÜNDEN HINGERICHTET WERDEN SOLL. ! !

Der Fall LILO HERRMANN ist nur einer von vielen. Deutschlands beste Söhne - über 200.000- sitzen in den Zuchthäusern und warten in den Todeszellen auf den Henker. Hunderttausende von Zuchthausjahren wurden in den 4 ersten Hitlerjahren über politische Gefangene verhängt, ungerechnet die unzähligen Schutzhaftjahre. Ohne Prozess, ohne Urteil werden unschuldig KIPPENDORF, OSSIETZKY, PFARRER, BINÖLLER, THÄLMANN, LITTEN und tausendeandere gefangen gehalten. Durch grausamste Folterungen u. Erniedrigungen durch rohgelernte Auslaugung will man sie körperlich und geistig vernichten. Man ermordet nicht mehr nur die schwersten politischen Gefangenen bei dem - Verbrechen sondern lässt sie auch durch die legalen Gerichte wegen Hoch oder Landesverrats zum Tode verurteilt u. hinrichten. 1936 fanden 9 solche Hinrichtungen statt, 1937 bis jetzt 22 und schon greift der Henker nach neuen Opfern. Die Antifaschisten FUNK, STEIDLE, LOWATSCH, GORITSCH sollen die nächsten sein. DAS DARF NICHT GESCHEHEN.

In alle Ländern protestieren hunderttausende aufrechte Menschen gegen diese Gräuel und Kämpfen für die Befreiung der politischen Gefangenen in Deutschland. Die grössten Geister der Menschheit, Menschen aller Berufe und Schichten, alle Massenorganisationen von Bedeutung streiten für die Rettung der besten des deutschen Volkes.

DIESER UNMENSCHLICHE TERROR IST EIN NICHT WIEDER GUT ZU MACHENDER SCHANDFLECK AUF DEM ANTLITZ DEUTSCHLANDS. WER DEUTSCHLAND LIEBT UND NICHT DULDEN WILL, DASS ES TRACHTET WIRD IN DER WELT, WER NOCH WAS FÜHLT FÜR RECHT u. MENSCHLICHKEIT, DER MUSS KÄMPFEN GEGEN DIESE MITTELALTERLICHEN ZUSTÄNDE ----------

Rettet die vom Beil bedrohten
Fallt dem Henker in den Arm!

(aus: »Lilo Herrmann« Dokumentation der VVN-BdA)

Konzentrationslager im Land Baden-Württemberg

Die ersten Konzentrationslager in Württemberg waren die Lager Heuberg und Gotteszell bei Schwäbisch Gmünd (für Frauen)

Gedenkstein zwischen K1 und K2 an der Keplerstraße.

Stuttgart III — universitätsnachrichten hochschulmagazin 32 januar 1975

Prof. Carl Wurster zum Gedenken

Prof. Dr.-Ing. Carl Wurster, Ehrenbürger der Universität Stuttgart

Bild: Binz

Am 14. Dezember 1974 verstarb Professor Dr.-Ing., Dr. rer. nat. h. c., Dr.-Ing. E. h., Dr. rer. pol. h. c. Carl Wurster, Vorsitzender des Aufsichtsrats der BASF A. G. Ludwigshafen. Mit Prof. Wurster verliert die Universität Stuttgart ihren letzten Ehrenbürger. Ein kurzer Abriß der Vita von Carl Wurster mag zeigen, welchen Verlust auch unsere Hochschule erlitten hat.

Am 2. Dezember 1900 in Stuttgart geboren, studierte Carl Wurster Chemie an der Technischen Hochschule seiner Heimatstadt. Hier war er nach der Diplomhauptprüfung wissenschaftlicher Assistent und promovierte im Februar 1923 mit Auszeichnung zum Dr.-Ing. Thema seiner Dissertation: „Neue experimentelle Beiträge zum Deacon-Chlor-Prozeß".
Mit Beginn des Jahres 1924 trat Dr. Wurster in die BASF ein. Hier arbeitete er zunächst an der Forschung über Themen der anorganischen Chemie. Früchte dieser Arbeit waren mehrere Erfindungen und neue Verfahren, die er nach Übertritt in die Produktion als Betriebsleiter in die Technik einführte.
Im Jahre 1934 übernahm Dr. Wurster als Prokurist die Leitung der Organischen Abteilung, für die er bereits seit 1932 Sonderaufgaben erfüllt hatte. Er wurde 1936 zum Direktor ernannt und 1938 als Vorstandsmitglied der früheren I. G. Farbenindustrie A. G. mit der Leitung der Werksgruppe Oberrhein betraut.
Nach der Ausgliederung der BASF aus der I. G. Farbenindustrie im Jahre 1952 wurde Dr. Wurster zum Vorstandsvorsitzenden bestellt. Am 12. Mai 1965 schied er aus dem Vorstand aus und wurde zum Vorsitzenden des Aufsichtsrats gewählt.
In Würdigung seiner erfinderischen und technisch-wissenschaftlichen Beiträge auf dem Gebiet der Chemie ernannte die Naturwissenschaftlich-Mathematische Fakultät der Universität Heidelberg Dr. Wurster im Frühjahr 1952 zum Honorarprofessor. Dieser akademischen Ehrung folgte kurz darauf die Ehrendoktorwürde (Dr. rer. nat. h. c.) der Universität Tübingen und 1953 die Würde eines Dr.-Ing. E. h. der Technischen Hochschule München sowie im Dezember 1960 die Ehrendoktorwürde (Dr. rer. pol. h. c.) der Universität Mannheim. Die Universitäten Mainz, Karlsruhe, Heidelberg und Tübingen ernannten ihn zum Ehrensenator. Zu seinem 60. Geburtstag am 2. Dezember 1960 ernannte der Große Senat der damaligen Technischen Hochschule Stuttgart Professor Dr.-Ing. Carl Wurster zum Ehrenbürger seiner Alma mater.
Neben der Tätigkeit in den einschlägigen fachlichen und beruflichen Gremien war Professor Dr. Wurster bis 1972 Vizepräsident und später Ehrensenator der Max-Planck-Gesellschaft. Im Januar 1958 wurde er in den Wissenschaftsrat berufen, dessen Mitglied er bis 1967 war. Im April 1965 wurde er korrespondierendes Mitglied der Akademie der Wissenschaft und Literatur, Mainz. Von 1966 an war er Ehrenmitglied der Akademie der Wissenschaften in Heidelberg. 1957 bis 1959 war er Präsident und danach Altpräsident der Gesellschaft Deutscher Chemiker.
Prof. Dr. Wurster war 1971 und 1972 Präses des Ältestenrats des Verbandes der Chemischen Industrie e. V., Frankfurt am Main, dessen Präsident er 1962 und 1963 war. Seit Februar 1962 gehörte er dem Kuratorium der Stiftung Volkswagenwerk an und wurde 1967 stellvertretender Vorsitzender. Er war Mitglied des Vorstandsrats des Deutschen Museums in München und stellvertretender Vorsitzender des Verwaltungsrats des Germanischen Museums in Nürnberg. Neben dem Vorsitz im Aufsichtsrat der BASF hatte er den Vorsitz des Aufsichtsrats der Robert Bosch GmbH, Stuttgart, inne und war Mitglied des Aufsichtsrats der Allianz Lebensversicherung A. G., Stuttgart.
Professor Dr. Wurster war Träger des Großen Verdienstkreuzes der Bundesrepublik Deutschland mit Stern und Schulterband und des Bayerischen Verdienstordens.
Seine großen Verdienste um die Stadt Ludwigshafen würdigte die Stadt im Jahre 1965 durch die Verleihung der Ehrenbürgerwürde. Zwei Jahre später verlieh ihm die Nachbarstadt Mannheim den Schillerpreis. In der Laudatio zur Verleihung dieses Preises sagte Professor Dr. Ludwig Raiser, Tübingen, Professor Wurster habe mit heiterer Gelassenheit, weder kalt noch ungeduldig, aber mit Herz und Kopf Mitverantwortung weit über seinen eigenen Wirkungsbereich hinaus getragen.

Lilo Herrmann studierte an der Technischen Hochschule Stuttgart zwischen 1929 und 1931. Sie war Kommunistin und wurde am 20.Juni 1938 wegen Hochverrats hingerichtet. In der Frage einer Ehrung von Lilo Herrmann durch die Universität Stuttgart erstellte Prof. Dr. Eberhard Jäckel für den Senat ein Gutachten, indem er Lilo Herrmann einen Vorbildcharakter abspricht und feststellt: "Es kann aber bei allem Respekt vor einem unschuldig ermordeten Opfer des nationalsozialistischen Terrors nicht übersehen werden, daß Lilo Herrmann im Sinne einer Bewegung wirkte, die die Freiheit von Forschung und Lehre wie die Freiheit und die Menschenrechte allgemein zu unterdrücken beabsichtigte"(Stuttgarter Uni-Kurier Nr.37 vom Dezember 1988). So kann Prof. Jäckel "der Feststellung nicht ausweichen, daß die Überzeugungen, für die Lilo Herrmann eintrat, nicht die Überzeugungen von Universitäten sein können, die mit der Freiheit stehen und fallen, und daß ihr Wirken nicht als besonders vorbildlich empfunden werden kann. Universitäten müssen wissen, was sie tun, und wen sie sich zum Vorbild nehmen" (ebenda).

Dafür ehrte die Universität Stuttgart einen ganz anderen Studenten: **Carl Wurster** - Prof.Dr.h.c., von 1938 bis 1945 Vorstandsmitglied der IG-Farben Industrie, wurde seiner Verdienste wegen 1960 Ehrenbürger der Universität Stuttgart. Sein Tod im Jahr 1974 wurde als "großer Verlust" empfunden. Die IG-Farben - das war Deutschlands größter Konzern. Im Nürnberger Prozeß wurde festgestellt, daß ohne diesen Konzern der Krieg nicht möglich gewesen wäre.Wurster war im Verwaltungsrat der Degesch, einer IG-Tochter, die Zyklon B produzierte. Seine aktive Rolle bei der Planung und Durchführung des 2. Weltkrieges ist in dem Buch "IG-Farben, die unschuldigen Kriegsplaner" u.a. auf S.180 dokumentiert. Dieses Buch entstand auf der Grundlage einer Broschüre, die 1975 von Stuttgarter Studenten als Protest gegen die Ehrung dieses Kriegsverbrechers an der Uni herausgegeben wurde. Ein Auszug aus einem Brief der IG-Farben an das KZ Auschwitz:
"Im Hinblick auf Experimente mit einem neuen Schlafmittel wären wir Ihnen dankbar, wenn Sie eine Anzahl Frauen besorgen wollten... Wir erhielten Ihre Antwort, sehen jedoch den Preis von 200 Mark pro Frau als übersetzt an. Wir schlagen Ihnen einen Preis von höchstens 170 Mark pro Frau vor...Die bestellten 150 Frauen erhalten. Trotz ihrem kümmerlichen Gesundheitszustand werden sie als genügend erachtet...Die Versuche sind vorgenommen worden. Alle Versuchsobjekte sind gestorben. Wir werden Sie in Kürze betreffend einer neuen Lieferung benachrichtigen..."(ebenda, S. 131).
Prof. Dr. h.c. Wurster hatte "Vorbildcharakter", die Universität mußte wissen, wen sie sich zum Vorbild nimmt: Von einem der Organisatoren des 2.Weltkrieges im Vorstand der IG-Farben setzte sich seine Karriere fort als Aufsichtsratsvorsitzender der BASF, Träger des Bundesverdienstkreuzes. In einer Laudatio wurde ihm bescheinigt, "er habe mit heiterer Gelassenheit, weder kalt noch ungeduldig, aber mit Herz und Kopf Mitverantwortung weit über seinen eigenen Wirkungsbereich hinaus getragen" (Universitätsnachrichten, Hochschulmagazin 32, Januar 1975).
Taylor, Hauptankläger im Nachkriegsprozeß gegen die Direktoren der IG-Farben:
"Diese Angeklagten und andere mit ihnen, nicht die halb unzurechnungsfähigen Nazifanatiker und schießwütigen Raufbolde der Straße, sind die Hauptkriegsverbrecher. Sollte die Schuld dieser Angeklagten nicht ans Tageslicht gezogen werden, so werden sie für den künftigen Frieden der Welt eine viel größere Gefahr darstellen als Hitler, wenn er noch am Leben wäre." (zitiert nach: IG-Farben,die unschuldigen Kriegsplaner, S.3)

Die Rolle der Justiz:

Auf der Fahrt vom "Hotel Silber" über das Justizviertel zum
Hoppenlau-Friedhof / Rosenbergstraße

In diesem Viertel waren damals wie heute wesentliche Teile der Justiz untergebracht. Zahlreiche Todesurteile wurden hier wie in ganz Deutschland gefällt. Und keiner der Todesrichter des Volksgerichtshofs wurde jemals von einem deutschen Gericht angeklagt bzw. verurteilt! Nach einer gewissen Schamfrist waren um 1950 die NS-Richter alle wieder in Amt und Würden. In Baden-Württemberg konnte man es sogar zum Ministerpräsidenten bringen - Filbinger war sein Name. Berühmt berüchtigt war der Präsident des Stuttgarter Sondergerichts Hermann Cuhorst, ein Nazi der ersten Stunde.

Die Besonderheit eines Sondergerichts lag in der Tatsache, daß hier keine Revision des Richterurteils möglich war. Mit großer Härte ging Cuhorst jeweils ans Werk und verhängte Terrorurteile am laufenden Band, darunter 120 Todesurteile wegen z.T. belanglosen "Vergehen". Jeder Widerstand sollte auf diese Weise unterdrückt werden. Einmal wurden an einem Tag 35 Menschen ermordet, und zwar im "drei-Minuten-Takt"."Wenn die Gerichte hier versagen würden, bestünde die Gefahr, daß wir im Innern Zustände bekämen wie im Herbst 1918", erklärte der Stuttgarter Oberlandesgerichtspräsident 1943. (Stuttgart im 2.Weltkrieg, S. 224) Hermann Cuhorst wurde zwar als einziger Stuttgarter Richter im Nürnberger Prozeß (1) angeklagt, doch 1947 "mangels Beweisen" freigesprochen. "Der Freispruch entfachte große Empörung. In Stuttgart kam es zu Massenkundgebungen, der "Minister für politische Befreiung" legte sein Amt nieder, die Mitglieder verschiedener Spruchkammern (von der US-Besatzungsmacht eingesetztes Gericht - die Verf.) und die Angestellten des Befreiungsministeriums traten in Streik. Die ein Jahr später tagende Spruchkammer stufte den einstigen NS-Richter und Gauredner als "Hauptschuldigen" ein." (Schönhagen, Stuttgart im 2. Weltkrieg, Bleicher Verlag Gerlingen 1989, S.227) Von der verhängten Strafe von vier Jahren und drei Monaten Arbeitslager mußte Cuhorst allerdings nur neun Monate ableisten. Unbehelligt lebt dieser furchtbare Nazi-Richter immer noch in der Halbhöhenlage Stuttgarts. Die Stuttgarter Justizbehörden haben sich bis heute nicht dazu durchringen können, den Opfern der faschistischen Justiz ein ehrendes Denkmal im Lichthof der Archivstr.12A zu errichten.

Station:
Hoppenlau-Friedhof/Rosenbergstraße

Wir besuchen den Hoppenlau-Friedhof, der anschaulich macht, daß es auch in Stuttgart möglich war, daß Juden und Christen bei gegenseitiger Achtung miteinander leben und begraben werden konnten. Hier sind die Gräber von Christen und jüdischen Mitbürgern. Die menschenverachtende Barbarei des Faschismus kommt am deutlichsten in der fabrikmäßigen Ermordung von ca. 6 Millionen Juden zum Ausdruck. "Der Jude ist unser Unglück", "Deutschland ist bedroht von der bolschewistisch-jüdischen Fremdherrschaft", so tönte es. Mit der Verketzerung der Juden, der Roma und Sinti, der slawischen Völker als Untermenschen versuchten die Faschisten schon lange vor 1933, von den eigentlichen Ursachen des Massenelends abzulenken und sie einer nationalen Minderheit, den Juden, in die Schuhe zu schieben. Die Massen sollten für die Volksgemeinschaftsideologie gewonnen werden, sich als ein Volk ohne Klassenunterschiede und Klasseninteressen sehen. Das wurde pseudowissenschaftlich untermauert durch die Rassentheorie.

In Stuttgart lebten ca 5000 jüdische Bürger. Sie nahmen die ersten "Juda verrecke"-Parolen an den Häuserwänden nicht sonderlich ernst, nahmen sie als Einzelerscheinungen. Als jedoch der zunehmende Antisemitismus im Alltag sichtbar wurde, organisierte der Reichsbund jüdischer Frontsoldaten der Ortsgruppe Stuttgart, die im 1. Weltkrieg 99 Gefallene zu verzeichnen hatte, im Dezember 1932 eine Kundgebung unter dem Motto "Vaterland und deutsches Judentum". Die Nazi-Bewegung war ihnen doch unheimlich geworden. Wenige Wochen später wurde Hitler zum Reichskanzler ernannt. Die Juden bemühten sich um ein gutes Verhältnis zur Regierung, und der Israelitische Oberrat für Württemberg versicherte tief erschüttert auf einen veröffentlichten Boykottaufruf der NSDAP gegen jüdische Geschäfte, Waren, Ärzte und Rechtsanwälte, daß es "unsere heiligste Pflicht, unser Recht und unser sehnlichster Wunsch ist ... an Erneuerung und Aufstieg" des deutschen Volkes "mitzuarbeiten"(zitiert nach: M. Zelzer, Stuttgart unterm Hakenkreuz, S.50). Es half nichts. Am 1. April 1933 kennzeichneten Klebetrupps der SS, SA und arbeitsloser Parteileute jüdische Geschäfte, Kanzleien und Arztpraxen. Lautsprecherwagen fuhren durch die Straßen Stuttgarts, Handzettel und Broschüren wurden an die verdutzte Bevölkerung verteilt, und es wurde aufgerufen, alle Juden zu boykottieren. Am Vormittag gab es noch Beherzte, die in jüdischen Geschäften einkauften. In Cannstatt wurden sie gefilmt. Im ersten Jahr der faschistischen Herrschaft verließen nur wenige Juden Stuttgart, wohl aber verloren etliche ihre Positionen: der Vorsitzende der Stuttgarter Produktenbörse, der Präsident der Anwaltskammer. Die **Otto-Hirsch**-Brücken über den Neckar in Hedelfingen erinnern an den langjährigen Vorsteher der jüdischen Gemeinde in Stuttgart und Direktor der Neckar-AG. Er wurde im Februar 1941 verhaftet und im KZ Mauthausen am 19.6.41 ermordet. **Fritz Elsas**, ein Politiker, der aus Bad Cannstatt stammte und in Berlin zweiter Bürgermeister war, starb im KZ Sachsenhausen.

Auf kulturellem Gebiet wurde radikal gegen die Juden vorgegangen: Rundfunk, Theater und Schulen wurden ihnen verschlossen. Im April 1935 wurde die von den Stuttgarter Juden finanzierte jüdische Schule eröffnet, und 1941 wieder geschlossen, nachdem jeder öffentliche und sogar private Schulunterricht für jüdische Kinder verboten worden war.

Von den mehr als 5000 Stuttgarter Juden konnten etwas mehr als die Hälfte emigrieren. Vom Rest haben nur 250 überlebt. Mehr als 3000 sind ermordet worden. Der Weg zu diesem grausamen Ende begann mit sog. kleinen Maßnahmen:
- dem schon erwähnten Judenboykott-Tag im April 33
- 1935 wurden die **Nürnberger Rassengesetze** verabschiedet, die den jüdischen Bürgern sämtliche politische Rechte absprachen:
keine Staatsbürgerschaft mehr, rassistische Ehegesetze...
(60% der Stgt.Juden lebten in sog. Mischehen)
- jüdischen Ärzten und Anwälten wird die Ausübung ihres Berufes untersagt (Juni 1938)
- alle Juden wurden gezwungen, sich den Beinamen Israel oder Sarah zuzulegen (August 1938)
- in der **sog. Reichskristallnacht** am 8.11.38 gingen in der von der SA durchgeführten Aktion die jüdischen Synagogen in Stuttgart in der Hospitalstraße und in Cannstatt in Flammen auf. In den gleichgeschalteten Zeitungen wurden diese Angriffe auf die Juden dargestellt als "spontane Reaktion des Volkszornes" auf den Tod des deutschen Gesandtschaftsrats vom Rath, der in Paris von einem 18jährigen Juden ermordet worden war. Die meisten männlichen Stuttgarter Juden wurden verhaftet und in die Konzentrationslager Welzheim und Dachau gebracht.
- für Juden ist der Zutritt zu Theatern, Kinos, Konzerten, Vorträgen, artistischen Unternehmungen (Variétés, Kabaretts, Zirkus), Tanzvorführungen und Ausstellungen kultureller Art verboten (November 1939)
- kein jüdisches Kind darf eine nichtjüdische Schule besuchen. Jüdische Geschäftsleute müssen ihre Betriebe zu Spottpreisen verkaufen. Juden ist es verboten, Gold, Platin, Silber Edelsteine und Perlen zu erwerben oder zu verkaufen (Dezember 1938)
- Juden ist der Betrieb von Einzelhandelsgeschäften, Versandgeschäften sowie der Betrieb eines selbständigen Handwerks untersagt. Juden kann die Wohnung fristlos gekündigt werden. (Jan.39)
- Juden müssen um 20 Uhr zu Hause sein (Okt. 39)
- Juden mußten sich öffentlich durch das Tragen des gelben Sterns mit der Aufschrift "Jude" kennzeichnen (Sept.41)

Ab 1942:
- sie durften nicht mehr gegrüßt werden
- es war ihnen verboten, in deutschen Geschäften einzukaufen
- sie durften nur noch in jüdischen Häusern wohnen
- es war ihnen verboten, öffentliche Verkehrsmittel oder private Kraftfahrzeuge zu benutzen. Juden aus Cannstatt oder Vaihingen mußten zu Fuß in die Innenstadt und wieder zurück, um sich die notwendigsten Dinge zum Leben kaufen zu können.
- sie durften keine Wälder und Grünanlagen betreten
- sie durften Fernsprecher und Fahrkartenautomaten nicht benutzen
- sie durften keine Zeitungen und Zeitschriften beziehen, keine Bücher kaufen
- Juden erhalten keine Fischwaren, keine Fleischwaren, keine Weizenerzeugnisse, keine Vollmilch, kein Obst und keine Obstkonserven, keine Süßwaren

Im November 1939 begann in Stuttgart der Weg der systematischen Vernichtung der jüdischen Bürger Württembergs. Sie wurden auf dem **Killesberg** in Sammellagern zu Transporten zusammengestellt, um nach Osten "deportiert" - tatsächlich aber ermordet zu werden. Im Park des Ausstellungsgeländes auf dem Killesberg erinnert heute ein Gedenkstein an dieses Sammellager. In Auschwitz verdiente der Chemiekonzern IG-Farben gleich zweimal an ihnen: einmal durch die brutalste Ausbeutung der als arbeitsfähig eingestuften und aussortierten Juden in den dort errichteten Fabrikanlagen. Zum andern an dem für die Vergasung verwendeten Gift Zyklon B.

Der Gesamtertrag der Aktion Reinhard (Name des Programms der Vernichtung des jüdischen Volkes) betrug zwischen 1942 und Dezember 1943 : 178 745 961 Reichsmark. Womit sich die SS als Organisation 'selbst' finanzierte. Die SS berechnete den Wert eines Menschenlebens wie folgt:

"Täglicher Verleihlohn durchschnittlich   RM 6.-
abzüglich Bekl.Amort.   RM 0,10
abzüglich Ernährung   RM 0.60   RM 0.70

durchschnittliche Lebensdauer 9 Mt.= 270 x RM 5.30 = RM 1431,-
Erlös aus rationeller Verwertung der Leichen:
1. Zahngold
2. Kleidung
3. Wertsachen
4. Geld
abzüglich Verbrennungskosten   RM   2,-
durchschnittlicher Nettogewinn   RM 200,-
Gesamtgewinn nach 9 Monaten   RM 1631,-
zuzüglich Erlös aus Knochen und Aschenverwertung"
(aus: P.M.Kaiser, Monopolprofit und Massenmord im Faschismus, in: Blätter für deutsche und internationale Politik, Heft 6, Köln 1975, S.8 zitiert in: IG-Farben, die unschuldigen Kriegsplaner, S.135)

Rassismus und Chauvinismus sind historisch nicht erledigt: 50 Jahre nach Kriegsbeginn kann man fast schon von einer gesteuerten Propaganda gegen die sog. Ayslantenschwemme, die zur "Flut" wird, sprechen. Die Ausländer, besonders die Türken, die "Wirtschaftsasylanten" wollen sich angeblich auf "unsere" Kosten ein schönes Leben in Deutschland machen. Der Begriff "Asylant" ist schon verräterisch: Was ist positiv an Querulant, Simulant, Spekulant, Intrigant...?! Daß viele Menschen sich Sorgen um ihre Arbeitsplätze machen, ist berechtigt, daß aber die Ausländer, die Fremden, die Aus- und Übersiedler die Arbeitsplätze wegrationalisieren und Betriebe dicht machen, kann nicht mit der Wirklichkeit in der Bundesrepublik belegt werden. Wir kennen es schon: schuld sind die anderen, es liegt nicht am System.

Gedenkstein zur Erinnerung an die Deportation württembergischer Juden. Killesberg/Haupteingang

Nach der Dokumentation "Weg und Schicksal der Stuttgarter Juden", Gedenkbuch, herausgegeben von der Stadt Stuttgart) wurden folgende Deportationen durchgeführt:

1.12.1941	1000 jüdische Bürger nach Riga
April 1941	278 nach Lublin
13. 7.1942	49 nach Auschwitz
22. 8.1942	900 jüdische Bürger aus Altersheimen nach Theresienstadt
10. 1.1944	35 jüdische Bürger aus sogenannten Mischehen nach Theresienstadt
12. 2.1945	letzter Transport nach Theresienstadt

Außerdem wurde 1944 ein Transport von sogenannten jüdischen Mischlingen in das Lager Wolfenbüttel durchgeführt. Von den rund 5000 jüdische Bürgern, die 1933 in Stuttgart wohnten, lebten nach der Befreiung nur noch 35 hier. Mehr als 3300 wurden ermordet, ein Teil konnte emigrieren.

Gedenkstein auf dem Killesberg.

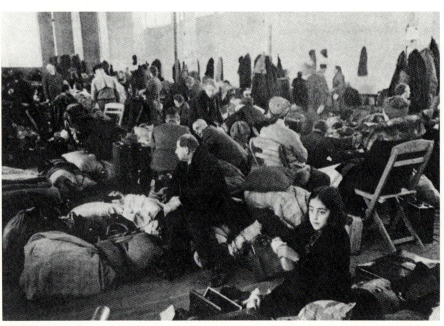

Sammellager Killesberg. Württembergische Juden vor der Deportation.

Flammenzeichen, Dezember 1938

Das antijüdische Hetzblatt "Flammenzeichen" veröffentlicht im Dezember 1938 mit besonderer Gehässigkeit auf zwei Zeitungsseiten Fotos der jüdischen Häftlinge, die nach der "Kristallnacht" ins Konzentrationslager Welzheim abtransportiert worden waren.

Es gibt nur noch deutsche Geschäfte
Vor der letzten Flurbereinigung im Wirtschaftsleben

Mit dem Gesetz von Hermann Göring wird die letzte Flurbereinigung im deutschen Wirtschaftsleben vollends eingeleitet. In Kürze wird es in Stuttgart, wie überall im Reiche, nur noch deutsche Geschäfte geben.

Als dieser Tage Dr. Goebbels den freiwilligen Helfern des WHW. verkündete, daß in Bälde die jüdischen Geschäfte aus dem deutschen Wirtschaftsleben verschwinden, dankten ihm die deutschen Männer mit stürmischem Beifall. Nun braucht künftig kein deutscher Volksgenosse mehr untersuchen, ob das Geschäft, in dem er seine Einkäufe machen will, arisch oder jüdisch ist; keiner braucht sich mehr den Unverschämtheiten jüdischer Verkäufer auszusetzen, die es so oft meisterhaft verstanden haben, ihrem Laden einen vertrauenerweckenden Eindruck zu verleihen. Es gibt nur noch deutsche Geschäfte! Deutsche Volksgenossen werden in Zukunft dort arbeiten, wo früher der Jude durch die Langmut unseres Volkes sich die Taschen vollgesteckt hat. Mit der jahrelangen Rücksicht und Geduld ist es vorbei. Das deutsche Geschäftsleben wird wieder den sauberen, anständigen und reellen Charakter hat..n, der in dem besonderen Vertrauensverhältnis zwischen Verkäufer und Kundschaft zum Ausdruck kommt.

In Stuttgart und im Gau Württemberg behält der Gauwirtschaftsberater die Dinge in der Hand. Mit stolzer Genugtuung können wir im übrigen feststellen, daß in den vergangenen zwei Jahren die Entjudung des Wirtschaftslebens besonders in unserem G.u große Fortschritte gemacht hat, so daß es sich jetzt, genau betrachtet, nur noch um einen kurzen Schlußakt handelt, bei dem das Wirtschaftsleben vollends entjudet wird.

Die vorhandenen Einzelhandelsgeschäfte — in Stuttgart sind es nicht mehr sonderlich viel — werden wohl jenen Geschäftsleuten übertragen, die ihre Ladengeschäfte durch die Altstadtsanierung verlieren. Damit finden sie die richtigen Besitzer, denn die Ersatzbeschaffung für die durch die Altstadtsanierung verschwindenden Läden ist eine nicht geringe Sorge.

NS Kurier, 15.11.1938

Am 12. November 1938 erließ die NS-Reichsleitung die "Verordnung über die Ausschaltung der Juden aus dem deutschen Wirtschaftsleben: Alle jüdischen Geschäfte, Industrieunternehmen und Handwerksbetriebe wurden "zwangsarisiert" oder aufgelöst.

Beispiel der Entmenschlichung

Umliegende Gebäude gehören teilweise zur Universität Stuttgart - eine Gelegenheit, die Rolle der Wissenschaftler anzusprechen.

Die Rolle der Wissenschaft:

Oft wird vergessen, daß die Tötungsmethoden des NS-Staates, wie sie zur Vernichtung der europäische Juden ab 1942 zur Anwendung kamen, bereits seit 1939/40 im Rahmen des **Euthanasie-Programms** (T4) getestet und durchgeführt wurden. Entscheidenden Anteil bei der Suche nach einem "geeigneten Tötungsverfahren" hatten Stuttgarter Wissenschaftler,deren wissenschaftliche Karriere im Chemischen Untersuchungsamt der Stadt Stuttgart begann. Von hier aus gelangte die ganze Abteilung nach deren Verreichlichung am 17.Juni 1936 unter die Weisungsbefugnis des Reichsführer SS Heinrich Himmler. Ihr Institutsleiter Dr. Walter Heess und dessen Mitarbeiter, der Chemiker Dipl.Ing. Dr. Albert Widmann, kamen nach Berlin ins Reichskriminalpolizeiamt. Nach seinen wissenschaftlichen Laborversuchen an Mäusen und Ratten kam Widmann zu dem Schluß, daß das geruchslose, farblose, geschmacklose Kohlenmonoxidgas (CO) "auf Grund meiner kriminaltechnischen Erfahrung für die Tötung von Geisteskranken ... während des Schlafes ... die humanste Methode" sei. (Mathias Beer: Wissenschaft ohne Menschlichkeit. in: Stuttgart im 2.Weltkrieg,S. 137) In einem Zuchthaus wurde daraufhin im Januar 1940 mit CO eine Probetötung durchgeführt. Wie hier wurde das CO-Gas aus Gasflaschen auch in allen Euthanasie-Anstalten zur Vernichtung sog. "lebensunwerten Lebens" verwendet. Bis kurz vor Kriegsende lieferte die IG-Farben AG Ludwigshafen jenes tödliche Gas, mit dem auch 1939/40 polnische Heilanstalten geräumt worden waren. Offensichtlich sahen die Verantwortlichen in dieser Erfindung eine "humanere" Methode als das Sprengen, Vergiften oder Erschießen ihrer Opfer. Der technische Aufwand beim Töten konnte durch das Einleiten von Motorabgasen von LKWs in das luftdichte Innere der Aufbauten erheblich gesenkt werden. Solche Gaswagen waren von ihren Erfindern im November 41 an sowjetischen Kriegsgefangenen getestet worden. "Seit Dezember 1941", so lauten die Berichte von den Einsatzgruppen, "wurden beispielsweise mit drei eingesetzten Wagen 97 000 verarbeitet, ohne daß Mängel an den Fahrzeugen auftraten."(ebenda, S.138) So war aus Menschen - Geisteskranken, Juden, Sinti und Roma - Ladegut geworden, das nur noch in Stückzahlen gezählt wurde. Für ihre Beseitigung hatten Wissenschaftler eine Technik bereitgestellt, die sich wie industrielle Verfahrensweisen zwischen Täter und Opfer geschoben hat. Übertroffen wird diese perfekt funktionierende Tötungsmaschinerie nur noch durch das noch wirksamere chemische Hilfsmittel Zyklon B. Damit überschritt ab 1942 die Zahl der Opfer sehr bald die Millionengrenze.

Von Stuttgart nach Grafeneck:

Schon Jahre vor den Kriegsverbrechen wurden Verbrechen in nationalsozialistischem Auftrag an Menschen begangen. Die Betroffenen waren Juden, Kommunisten, Sozialdemokraten, Freidenker, Christen, Homosexuelle, Sinti und Roma, Behinderte und psychisch Kranke. Ein Ort in Stuttgart, von dem aus bereits 1939 Menschen drangsaliert, sterilisiert oder vergast wurden, ist die Wilhelmspflege in Stuttgart-Plieningen gewesen. Einer der Orte, zu denen die Todgeweihten gebracht wurden, war Grafeneck.

"Im Oktober 1939 wurden einigen Pflegeanstalten im heutigen Baden-Württemberg Meldebogen zugeschickt, die umgehend auszufüllen und an das Reichsinnenministerium in Berlin zurückzusenden waren. Sämtliche Patienten, die an bestimmten Krankheiten (z.B. Schizophrenie, Epilepsie, Schwachsinn, Gehirnhautentzündung) litten oder sich seit mindestens fünf Jahren in Anstalten befanden, oder als kriminelle Geisteskranke verwahrt wurden, oder nicht die deutsche Staatsangehörigkeit hatten und nicht deutschen oder anverwandten Blutes waren, mußten auf diesen Meldebogen erfaßt werden. Nicht viel später bekamen auch andere Anstalten im Deutschen Reich diese Bogen zugeschickt. Nach Eingang wurden die Bogen sofort von Gutachterärzten, die besonders ausgesucht und vor allen Dingen partei- und linientreu waren, kontrolliert. Sie hatten jeden einzelnen Meldebogen mit einem Plus (+) oder einem Minus (-) abzuzeichnen. Dabei hieß das Plus: Tod (Euthanasie). Das Minus hieß: " kann leben bleiben"! Während diese Gutachter noch die vielen tausend Meldebogen "begutachteten" und ihr Plus oder Minus hinter die Namen der Menschen setzten, die sie oft nie gesehen hatten, wurden bereits ausgewählte Anstalten zu Vernichtungsanstalten umgebaut, zum Beispiel die kleine württembergische Anstalt Grafeneck auf der Schwäbischen Alb. Unter strengster Geheimhaltung wurde hier ein Vergasungsraum eingerichtet und ein Verbrennungsofen gebaut. Im Januar 1940 waren die Arbeiten abgeschlossen. Unverzüglich begann man in Grafeneck, Menschen zu vergasen und zu verbrennen... Sofort nach Ankunft in Grafeneck wurden die Insassen der Omnibusse - siebzig oder achtzig Menschen - in den Tötungsraum gesperrt und mit CO-Gas getötet. Ihre Leichen wurden verbrannt. " Trostbriefschreiberinnen" benachrichtigten die Angehörigen. Dabei wurden Todestag und Todesursache gefälscht (Blutvergiftung, Lungenentzündung, Atemlähmung). Selbst die Ärzte unterschrieben mit falschem Namen. Die Anstalt Grafeneck und das Tötungspersonal wurden nach außen hin durch hohe Bretterzäune und Polizeistreifen abgeschirmt. Trotzdem sickerten Nachrichten durch."(Arnd Montag: "Die Minderwertigen" Teil 7, Geschichts-AG an der Wilhelmspflege Stuttgart, 1989, abgedruckt im Wipf-Blättle.)

In Grafeneck sind während des Programms 10 000 psychisch und körperlich Behinderte vergast worden. Die theoretischen Versuche, solcherlei Auslese von Menschen zu begründen, sind von völliger Menschenverachtung geprägt. Sie entbehren trotz des erkennbaren Versuchs, sich mit dem Mantel naturwissenschaftlicher Autorität zu umgeben, bis in die Erhebungsmethoden hinein jeglicher wissenschaftlicher Rationalität. Am besten belegen wohl die Testmethoden und Diagnosen ihre Pseudowissenschaftlichkeit. Beispielsweise wurden in der Wilhelmspflege 1934 Jugendliche "getestet", auf ihre Erbgesundheit hin. Wenn es ihnen nicht möglich war, auf dem "Intelligenzprüfungsbogen" die Fragen zu beantworten, z.B. wer Amerika entdeckt hat, wer Bismarck war, oder was Treue ist, wurde die Diagnose "angeborener

Schwachsinn" gestellt. Diese genügte dann in der Regel zur erzwungenen Unfruchtbarmachung.

Die Kriegsvorbereitungen und der mit ihnen verbundene, in der Bevölkerung spürbar werdende allgemeine Mangel veranlaßte die mit der Aussonderung betrauten Ämter von der Beseitigung "unnützer Esser" zu sprechen. Der lauteste Protest gegen die "Aktion Gnadentod" kam vom Landesbischoff der evangelischen Kirche, **Theophil Wurm**, der in einem direkten Brief an den Reichsinnenminister im Juni 1940 die Frage stellte: "Kann nicht jedes Roheitsverbrechen damit begründet werden, daß für den Betreffenden die Beseitigung eines anderen von Nutzen war? Auf dieser schiefen Ebene gibt es kein Halten mehr." Sein Schreiben blieb unbeantwortet.(Nach Maria Zelzer, Stuttgart unterm Hakenkreuz, S. 176) Interessant ist in diesem Zusammenhang, daß die Massenvernichtungen in Heil- und Pflegeanstalten erst eingestellt wurden, nachdem der Protest aus einer noch ganz anderen Richtung laut wurde: Der Befehlshaber des Wehrkreises V in Stuttgart hatte einen Bericht an das Oberkommando der Wehrmacht über "Planwirtschaftliche Maßnahmen in Heil- und Pflegeanstalten" verfaßt. Ihm war klar geworden, daß im Krieg verwundete Soldaten auch als "lebensunwertes Leben" eingestuft werden könnten. In Grafeneck wurde die Vernichtung ab Dezember 1940 eingestellt, in anderen Anstalten erst später.

Frankfurter Rundschau vom 28.11.1990

Euthanasie-Mahnmal zerstört

GRAFENECK, 27. November (idea). Bereits vier Tage nach der Einweihung ist eine Gedenkstätte für die Opfer des nationalsozialistischen Euthanasieprogramms in Grafeneck (Kreis Reutlingen) geschändet worden. Durch Hammerschläge seien dem Granitaltar irreparable Schäden zugefügt worden, teilte der Leiter der Diakonieeinrichtung Grafeneck mit. Ein Blumengesteck des Bundesverbandes der Euthanasiegeschädigten sei mit Naziparolen beschmutzt worden. Er habe Strafantrag gegen Unbekannt gestellt.

Die Gedenkstätte, die an die Ermordung von mehr als 10 600 behinderten Männern, Frauen und Kindern erinnert, war am Buß- und Bettag vom Bischof der Evangelischen Landeskirche in Württemberg, Theo Sorg, eröffnet worden.

Anzeige

(gemäß Artikel 3 Abs. 4 der Verordnung zur Ausführung des Gesetzes zur Verhütung erbkranken Nachwuchses vom 5. Dezember 1933 — Reichsgesetzbl. I S. 1021)

— Der¹) — Die —

(Familienname) ....

(Vorname) ....

geboren am ....

in .... Kreis ....

derzeitiger Aufenthaltsort: ....

leidet an¹) — ist verdächtig zu leiden an — angeborenem Schwachsinn — Schizophrenie — zirkulärem manisch-depressivem Irresein — erblicher Fallsucht — erblichem Veitstanz (Huntingtonsche Chorea) — erblicher Blindheit — erblicher Taubheit — schwerer erblicher körperlicher Mißbildung — schwerem Alkoholismus —

Kraft und Gesundheit für die Jugend der Nation

Quäker Rapidflocken

Selbst für die Haferflocken-Werbung 1933 im "Illustrierten Beobachter" gilt nur die Marschrichtng in die Kraftstrotzende Gesundheit. Wehe dem, der behindert war.

Ausschnitt aus dem "Lehrbuch der Biologie, 1940, Meyer, Leipzig." Zu beachten ist die Lüge im Text über die Schonung der Kranken, 1940, zur Zeit der Morde.

Die Verhütung erbkranken Nachwuchses. Das Ziel unserer Bevölkerungspolitik darf aber nicht „Kinder um jeden Preis" sein, sondern es muß heißen: „Gesunde und lebenskräftige Kinder". Daher sorgt ein anderes sehr wichtiges Gesetz dafür, daß die Zunahme der erblich Minderwertigen gehemmt wird. Wir denken als Kulturvolk nicht daran, diese unglücklichen Menschen aus unserer Gemeinschaft auszuschalten, sehr wohl aber können wir dafür sorgen, daß sie sich nicht weiter fortpflanzen und ihr unerwünschtes Erbgut an neue Generationen weitergeben. Um das zu verhindern, wurde das Gesetz zur Verhütung erbkranken Nachwuchses erlassen. Es gibt der Volks-

Station:
Die Rossebändiger - Die Jugend im Widerstand

Das neue Deutschland der Nazis brauchte die Jugend. Aber wofür? Was für eine Jugend brauchten sie? Deutschland sollte zur Weltmacht aufsteigen, das geht nicht ohne Krieg, denn schließlich war die Welt schon aufgeteilt. Oberster Ausbildungsgrundsatz des HJ-Dienstes war: "Jeder Hitler-Junge muß schießen können und geländegängig sein." Und Originalton Hitler: "In meinen Ordensburgen wird eine Jugend heranwachsen, vor der sich die Welt erschrecken wird. Eine gewalttätige, herrische, unerschrockene grausame Jugend will ich. Schmerzen muß sie ertragen. Es darf nichts Schwaches und Zärtliches an ihr sein." (Rauschning, Gespräch mit Hitler zitiert nach Walter Hofer, Dokumente des Nationalsozialismus, Fischer Verlag S.88)

Die Jugend wurde faschistisch organisiert: Pimpfe, die Hitler-Jugend, der Bund deutscher Mädchen. Da war nicht alles Zwang und kalter Drill. Begeisterte Anhänger gewinnt man bei Spiel, Abenteuer, Gemeinschaftserlebnissen, viele Kinder und Jugendliche kamen durch die Nazi-Organisationen zum ersten Mal aus ihrer Stadt, ihrem Dorf hinaus, durften Reisen machen - Kraft durch Freude! Dabei lernten sie besonders das Gehorsamsprinzip: Du bist nichts, dein Volk ist alles. Führer befiehl, wir folgen. Gehorsam ist eine Tugend.

Die Schule im 3. Reich richtete aus auf Deutschlands Größe, und man weiß aus Erzählungen, daß eifrige Lehrer ihre Klasse am Morgen mit einem kernigen "Gott strafe England!" begrüßten, und die Klasse zackig antworten mußte: "Er strafe es!" Die Schulen waren von Lehrern "gesäubert" worden, die "vor dem 5.März ihre Gegnerschaft zur NSDAP bekundet hatten", sie wurden "rücksichtslos entlassen oder gar verhaftet ... Die Masse der Lehrer beugte sich dem Terror und arbeitete schließlich im Sinne der Nazis."(W.Bohn, Stuttgart geheim, S.108 f). Das konnte dann z.B. bedeuten, daß ein Lehrer einen Schüler, der den Hitler-Gruß verweigerte, in sofortige Fürsorgeerziehung bringen konnte (gemäß Erlaß des Kultministers vom April 1937).

Die beiden Rossebändiger erinnern an die Jugend in antifaschistischen Widerstand in Stuttgart. Auf dieser Allee radelten in der damaligen Zeit viele Arbeiter zu den Betrieben im Neckartal. Das machten sich die Mitglieder der **Gruppe G** (G= Gemeinschaft) zunutze. Es waren hauptsächlich Lehrlinge und Jungarbeiter aus verschiedenen Organisationen: dem Kommunistischen Jugendverband (KJV), den Roten Falken, den Arbeitersportvereinen, den christlichen Pfadfindern, dem katholischen Gesellenverein, der Sozialistischen Arbeiterjugend (SAJ). Sie hatten Verbindungen zu Städten im gesamten süddeutschen Raum. Diese Jugendlichen machten sich so ihre Gedanken über die politischen Geschehnisse, fragten, warum es auf einmal Wehrsport gab, warum in allen Lebensbereichen das Führerprinzip und der unbedingte Gehorsam durchgesetzt wurde. Sie lasen Hitlers "Mein Kampf", und es wurde ihnen klar, daß die faschistische Politik zum Krieg führt. Diese jungen Leute trafen sich auf Wanderungen, diskutierten die aktuelle Entwicklung, fanden Gemeinsamkeiten und beschlossen Aktionen gegen die Nazis. Sie kamen aus der Arbeiterbewegung, daran orientierten sie sich. Um gegen die massenhafte und vielfältige faschistische Propaganda gewappnet zu sein, brauchten sie dringend Schulung. So organisierten sie Schulungswochenenden, getarnt als Skikurse, wo sie neben der aktuellen politischen Entwicklung philosophische Texte und den Marxismus studierten. Es ging um so Fragen wie: Warum bestimmt das Sein das Bewußtsein und warum bestimmt

nicht das Blut, die Rasse den Menschen. Sie besorgten sich einen Druckapparat und produzierten Flugblätter gegen die Kriegsvorbereitung und prangerten die Unterdrückung der Antifaschisten an. Sie sammelten im Wohngebiet Geld für die Familien der Gefangenen, die oft in bitterer Not lebten. Sie waren sich der Illegalität ihrer Arbeit bewußt und organisierten sich nach ersten Verhaftungen in 5er Gruppen.

Der Weg zwischen den Rossebändigern führt nach Cannstatt. An dieser Stelle ist folgendes passiert:
Hans Gasparitsch,16 Jahre alt, genannt Micha, pinselte im März 1935 abends um neun Uhr auf die Sockel der Rossebändiger die Parolen "Nieder mit Hitler" und "Hitler bedeutet Krieg". Freunde aus Cannstatt standen Schmiere, anschließend ging er zu seinen im Ostheimer Schwimmbad wartenden Freunden, um die geglückte Tat zu berichten. Danach machte er sich auf den Heimweg. In der Zwischenzeit war aber bei der Gestapo im "Hotel Silber" die "Schmiererei" schon gemeldet, eine Großfahndung war angelaufen. Motorräder und Autos knatterten durch die Stadt. Und Micha lief auf seinem Heimweg zwei Polizisten in die Hände. Er hatte entscheidende Fehler gemacht: er war so naiv gewesen und ging - sich keiner Gefahr bewußt - auf seinem üblichen Nachhauseweg zu den Rossebändigern und damit wieder an den Tatort zurück, und: er hatte immer noch den Farbtopf in seiner Aktentasche und Farbspritzer am Anzug. So war nichts mehr zu retten. Er wurde festgenommen und ins "Hotel Silber" gebracht. Durch einen weiteren Fehler in der illegalen Arbeit gelang es der Gestapo, fast alle Mitglieder der Gruppe G im Raum Stuttgart zu verhaften: Es gab von den gemeinsamen Wanderungen und Treffen Photos, so daß alle abgebildeten Personen leicht identifiziert werden konnten.

Der 1.Strafsenat des Oberlandesgerichts verurteilte ein Jahr später 17 Angeklagte von einem Jahr Gefängnis bis zu 5 1/2 Jahren Zuchthaus. Der jüngste Angeklagte war 14 Jahre alt und wurde freigesprochen. Einige mußten nach der Haft die Uniform der Naziwehrmacht anziehen, vier fielen im Osten. **Karl Wilhelm** wurde in die berüchtigte Strafeinheit Dirlewanger gepreßt und kam ums Leben. Hans Gasparitsch blieb die ganze Nazizeit in Haft, kam von einem KZ ins andere. **Elisabeth Schikora** zerbrach infolge der Folterungen, mit denen die Gestapo weitere Namen herauspressen wollte, gesundheitlich im Zuchthaus und starb in der Heilanstalt Zwiefalten. Die anderen überstanden das 3.Reich und nahmen ungeachtet gesundheitlicher Schäden am neuen Leben in Deutschland teil.
Vier Rückkehrer der Gruppe G aus KZ, Krieg und Gefangenschaft, darunter auch Hans Gasparitsch, schrieben 1946 das Buch: "Schicksale der Gruppe G" (Verlag Neues Leben), und Hans Gasparitsch kommt heute noch auf Anfrage in Schulen, um seine Erfahrungen weiterzugeben.

An die arbeitende Jugend Stuttgarts!

Heraus zum einheitlichen Kampfe gegen Faschismus und Arbeitsdienstpflicht!

Junger Arbeiter! Junge Arbeiterin! Gewerkschaftskollegen! Genossen und Genossinnen der SAJ.!

Jugend heraus zum Kampfe:

Gegen die Arbeitsdienstpflicht! Für Arbeitsbeschaffung durch Belastung der Besitzenden! Für ausreichende Unterstützung aller Erwerbslosen über die Gesamtdauer der Erwerbslosigkeit! Gegen die Notverordnungen der Papen-Schleicher-Regierung! Für Wiederherstellung aller geraubten Rechte!
Für die Verteidigung der Existenz der revolutionären Arbeiterorganisationen!
Gegen den faschistischen Terror!

Es gilt die Arbeiterquartiere, die Arbeiterversammlungen, die Einrichtungen und Gebäude der Arbeiterorganisationen gemeinsam zu schützen; allen Kundgebungen, Aufmärschen usw. der faschistischen Organisationen durch gemeinsame Gegenkundgebungen aller Arbeiterorganisationen entgegenzutreten

Für die Freilassung aller proletarischen politischen Gefangenen! Für die Verteidigung der Sowjet-Union! Für die Einheitsfront des Jungproletariats zum Kampfe für den sozialistischen Ausweg aus dem kapitalistischen Zusammenbruch im Bunde mit der erwachsenen Arbeiterschaft!

Nicht mit dem Stimmzettel wird am 31. Juli über Aufstieg oder Zusammenbruch entschieden, sondern nur durch unsere außerparlamentarische Kampfkraft. Allein davon hängt es ab, ob der Faschismus die Arbeiterklasse schlägt oder die Arbeiterklasse den Faschismus, und damit den Weg zu neuem gesellschaftlichen Aufstieg frei macht!

Vorbereitendes Komitee der Antifaschistischen Jugend-Aktion:

Kommunistischer Jugendverband Württemberg; Kommunistische Jugend-Opposition Württemberg; Sozialistischer Jugend-Verband Württemberg; Kampfbund-Jugend Württemberg; Metallarbeiter-Jugend Stuttgart; Schuhmacher-Jugend Stuttgart; Naturfreunde-Jugend Stuttgart; Rote Sportler-Jugend Württemberg; Arbeiter- und Bauern-Jugend (Christlich-Soziale); Rote Studenten-Gruppe Stuttgart.

Verantwortlich für Inhalt und Herausgabe: Alfred Hausser, Stuttgart.
Druck: Druckerei-AG., Stuttgart

(Auszüge aus einem Flugblatt vom 31. 7. 32)

Micha als 15jähriger mit dem Buch
„Im Westen nichts Neues" von Erich Remarque

Die Jugend, umworben als zukünftiges Kanonenfutter.

Hitlerjugend
Bann 80 Wiesbaden

Wiesbaden, den 3. Mai 1934

Zum letztenmal wird zum Appell geblasen!
Die Hitlerjugend tritt heute mit der Frage an Dich heran: Warum stehst Du noch außerhalb der Reihen der Hitlerjugend? Wir nehmen doch an, daß Du Dich zu unserem Führer Adolf Hitler bekennst. Dies kannst Du jedoch nur, wenn Du Dich gleichzeitig zu der von ihm geschaffenen Hitlerjugend bekennst. Es ist nun an Dich eine Vertrauensfrage: Bist Du für den Führer und somit für die Hitlerjugend, dann unterschreibe die anliegende Aufnahmeerklärung. Bist Du aber nicht gewillt, der HJ beizutreten, dann schreibe uns dies auf der anliegenden Erklärung ... Wir richten heute einen letzten Appell an Dich. Tue als junger Deutscher Deine Pflicht und reihe Dich bis zum 31. Mai d.J. ein bei der jungen Garde des Führers.

Heil Hitler!
Der Führer des Bannes 80.

Erklärung

Unterzeichneter erklärt hierdurch, daß er nicht gewillt ist, in die Hitlerjugend (Staatsjugend) einzutreten, und zwar aus folgenden Gründen:..............
....
Unterschrift des Vaters:............... Unterschrift des Jungen:.............
Beruf:................................. Beruf:.................................
Beschäftigt bei:....................... Beschäftigt bei:......................

Ein Werbe- und Beitrittsschreiben der HJ aus dem Jahre 1934

(Nach Focke/Reimer, Alltag unterm Hakenkreuz, rororo aktuell 4431, S. 30 f)

Reformation und Rollhokkey, Politik und Profiboxen: Stuttgarts bedeutendste Vorkriegs-Veranstaltungsstätte, die Stadthalle, Architekt Hugo Keuerleber (Aufnahme um 1930).

Hitler in Stuttgart!

Macht den 15. Februar zu einem siegreichen Vorstoss der kämpfenden Einheitsfront!

An die gesamte Arbeiterschaft Stuttgarts!

Klassengenossen!

Am kommenden Mittwoch, den 15. Februar, spricht der Reichskanzler Hitler in seiner Eigenschaft als Führer der NSDAP, in einer Wahlkundgebung in der Stadthalle Stuttgart. Diese Parteikundgebung wird, während der Arbeiterschaft der Rundfunk verweigert bleibt, auf den Süddeutschen Rundfunk übertragen und auf dem Marktplatz durch Lautsprecher bekanntgegeben.

Die Kommunistische Partei hat sich in einem Schreiben an die Betriebsräte aller Stuttgarter Betriebe gewandt mit dem Vorschlag, an diesem Tag ihre Kampfbereitschaft gegen die Politik der Hitler-Papen-Hugenberg-Regierung und gegen den faschistischen Terror zu bekunden, dadurch, daß die Arbeit eine Stunde früher eingestellt wird, die Belegschaften die Betriebe verlassen und sich an der von der Antifaschistischen Aktion organisierten Demonstration beteiligen. Die Betriebe marschieren zu den Sammelplätzen der Stadtteile und von hier aus geschlossen nach dem Karlsplatz, wo um 5.30 Uhr die Protestkundgebung stattfinden wird.

Gemeinsam gegen Hitler

das ist unsere Lösung für die Herstellung der Einheitsfront zum gemeinsamen Kampf!

Genossen vom Reichsbanner, ihr sozialdemokratische Klassengenossen, wir Kommunisten reichen euch über die Gräber der ermordeten Reichsbannerkameraden und Kommunisten hinweg unsere Bruderhand. Unsere gemeinsamen Toten mahnen uns: Stiftet die Einheit des Kampfes her und gefaßlossen werden alle unsere Feinde. Weg mit der fruchtlosen Diskussion über Einheitsfrontmanöver, Richtungstaktik!
Schmiedet den Angriffspakt der antifaschistischen Kampfeseinheit!

Vorwärts in der Antifaschistischen Aktion!
Vorwärts für die Freiheit der Arbeiterklasse!
Vorwärts im Kampf für Arbeit und Brot, gegen Hunger und Faschismus!
Vorwärts im Kampf gegen die Hitler-Papen-Hugenberg-Regierung, für die sozialistische Republik der Arbeiter und Bauern!

Stuttgart, den 13. Februar 1933.

Bezirksleitung der KPD., Bezirk Württemberg

(Original: Stadtarchiv)

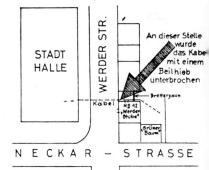

Station:
Werderstr.12 / Süddt. Rundfunk

Beispiele des Illegalen Widerstands:

Die Kabelaktion

An dieser Stelle wurde, wie von der zentralen Führung der KPD beschlossen, am 15. Februar 1933 eine sorgfältig vorbereitete und gut organisierte Aktion während des Wahlkampfs zu den Märzwahlen durchgeführt. Hitler war zum Reichskanzler ernannt und wollte seinen Wahlkampf in Stuttgart beginnen. Geplant war eine Rede in der Stadthalle, die auf dem Marktplatz übertragen und vom Rundfunk ausgestrahlt werden sollte. Hitler wollte hier zum ersten Mal den Rundfunk für seine Zwecke voll einsetzen. Eine von der KPD vorbereitete Gegenkundgebung unter dem Motto "Gemeinsam gegen Hitler" wurde verboten, Flugblätter der SPD zur Vorbereitung des Wahlkampfs wurden beschlagnahmt. Doch die Gegner der Nazis gaben sich nicht geschlagen: Sie entzogen Hitler das Wort.
Das geschah hier in der Hofeinfahrt der Werderstr.12. Nur an dieser Hauswand entlang auf einer Höhe von 3,75m verlief das Leitungskabel von der Stadthalle überirdisch. Hier war eine Schutzwache postiert, denn schon einmal war eine Übertragung bei einer NSDAP-Veranstaltung mit dem Prinzen August-Wilhelm von Hohenzollern durch Antifaschisten gestört worden. Die zwei Wachposten wurden durch ein Handgemenge von zwei der Antifaschisten abgelenkt, in der Zwischenzeit wurde von zwei anderen mit einer Axt das Kabel durchgehauen. Willi Bohn berichtet in seinem Buch "Stuttgart geheim"(.S.22 ff) über die berühmt gewordene Kabelaktion. In die Vorbereitung waren Techniker und Sprecher des Süddeutschen Rundfunks, Gewerkschafter und Arbeitersportler einbezogen. Und **Eduard Weinzierl**, der in der Nähe der Stadthalle wohnte, führte mit drei zuverlässigen Freunden, darunter **Hermann Medinger** und **Alfred Däuble**, die Aktion durch. Die Redakteure der "Süddeutschen Arbeiterzeitung", **Willi Bohn** und **Hans Ruess**, hatten zunächst das Geschehen auf dem Marktplatz beobachtet und saßen dann gespannt in einem Café in der Tübingerstr.. Dort und in vielen Lokalen und teilweise zu Hause hörten die Leute, wie Hitler gerade in Fahrt kam. Zitat aus "Stuttgart geheim" von Willi Bohn:

"Dann geschieht es. Hitler ist gerade in Fahrt gekommen. "Ich habe den Vertretern dieser Welt zu sagen: unser Kampf gegen den Marxismus ..." Da, plötzlich ein Knacks in den Lautsprechern, dann Stille. Von Hitler ist kein Wort mehr zu hören. Die Unterbrechung wird zunächst kaum beachtet, denn in der Anfangszeit des Rundfunks kamen solche Pannen öfter vor. Nach einer Weile meldet sich eine Stimme. "Die Übertragung ist im Augenblick gestört; wir schalten wieder um zur Stadthalle." Aber der Lautsprecher bleibt still. Minuten verstreichen, dann meldet sich wieder ein Ansager des Rundfunks und verkündet: "Die Rede des Führers und Reichskanzlers kann nicht weiter übertragen werden. Sabotage macht das unmöglich. Weitere Mitteilungen erfolgen nach der sofort aufgenommenen Untersuchung."" Die Redakteure trafen sich kurz darauf, vereinbarten den Text eines Flugblattes. In der Siedlung Eiernest in Heslach, in der Wohnung eines Naturfreunde-Funktionärs, wird der Text auf eine Wachsmatritze getippt, in einer anderen Wohnung steht ein Abzugsapparat, am anderen Morgen erfahren die Bürger Stuttgarts, warum und wer Hitler das Wort entzogen hat. Es ist der Gestapo erst im Dezember 1935 gelungen, vier der Täter zu schnappen.

Graphische Darstellung der Organisations-Gliederung der Abteilung Information der KPD Württemberg im Kampf gegen das NS-Regime, zu der die Transportkolonne Otto als ein wichtiger Teil gehörte.

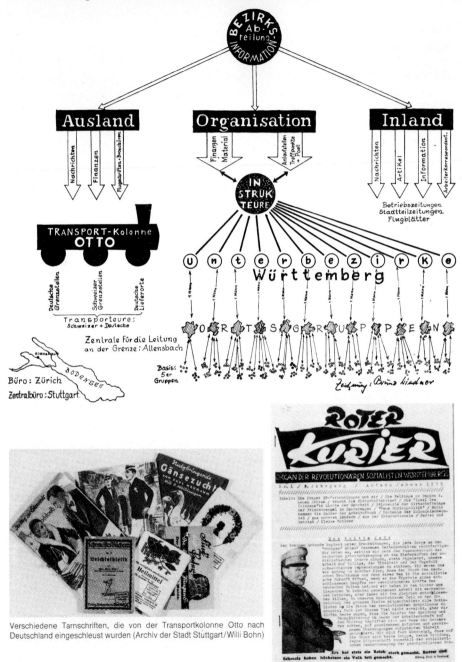

Verschiedene Tarnschriften, die von der Transportkolonne Otto nach Deutschland eingeschleust wurden (Archiv der Stadt Stuttgart/Willi Bohn)

Titelblatt der von Erwin Schoettle herausgegebenen Zeitung »Roter Kurier« vom Januar 1935

Die Bedeutung der Oppositionspresse

Auf dem Weg zur Annastraße 6 in Luginsland oder zum Grab der Familie Schlotterbeck in Untertürkheim:

Im Faschismus wurden die gesamten Massenmedien zur totalen Beeinflussung der Bevölkerung völlig gleichgeschaltet und oppositionelle Zeitungen unterdrückt und verboten. Angesichts der völlig neuen Situation, die sich z.b. im Rückgang der Arbeitslosigkeit ausdrückte, und nach den militärischen Erfolgen der Hitler-Wehrmacht war es für die arbeitenden Massen immer schwerer, sich selbständig in der wirtschaftlichen, politischen Entwicklung zurechtzufinden. Die Menschen waren über Rundfunk, Zeitungen und Magazine, über den Film und die Zwangsvereinigungen ständig der faschistischen Propaganda und Ideologie ausgesetzt. Deshalb war die Herstellung und Verbreitung der illegalen Oppositionspresse von größter Bedeutung.

Die Schoettle-Gruppe:

Der Exil-Vorstand der SPD hatte sich in Prag niedergelassen und baute rund um Deutschland Stützpunkte der Partei auf. In Form von Grenzsekretariaten wurde versucht, auf eine Region einzuwirken, den Widerstand aufzubauen und den "Neuen Vorwärts"zu vertreiben. Der 1. Stuttgarter Parteisekretär **Erwin Schoettle** war nach der Reichstagswahl im März 33 ins Schweizer Exil gegangen und für den Widerstand der SPD in Württemberg zuständig. Es gelang ihm, im November 1933 10 000 Flugblätter gegen den Austritt Deutschlands aus dem Völkerbund nach Stuttgart zu schmuggeln. Gestützt auf seine Kontakte in Stuttgart baute er eine straff nach konspirativen Regeln arbeitende Widerstandsgruppe auf, die in ihren besten Zeiten aus ca. 50 Mitgliedern und ca. 450 unorganisierten Personen im Umfeld bestand. Schoettle legte großen Wert auf die politische Schulung der Aktivisten und gab dazu den "Roten Kurier" heraus, der in einer Auflage von bis zu 500 Exemplaren kursierte. Die Schoettle-Gruppe distanzierte sich immer mehr von der Prager Parteileitung und arbeitete stattdessen mit der linkssozialistischen **Löwenheim-Gruppe** "Neu beginnen" zusammen. Beide Gruppen vertraten, daß der Faschismus gestürzt werden müsse. Das sei nur möglich, wenn der Faschismus in einer umfassenden Krise stecke. Diese Aktion müsse planmäßig von einer revolutionären Partei vorbereitet werden. Im März 1935 gelingt der Gestapo der erste Einbruch in den Widerstand der Stuttgarter SPD. Im Oktober 1936 wird der größte Teil der Inlandsleitung der Schoettle - Gruppe verhaftet. 22 Sozialdemokraten werden verhaftet und verurteilt. Von diesem Schlag erholte sich die Stuttgarter Gruppe nicht mehr, die Verbindung zu Schoettle in die Schweiz zerriß. Spätestens seit Kriegsbeginn läßt sich in Stuttgart kein organisierter Widerstand der SPD mehr feststellen. (ausführlich in: S. Bassler: "Mit uns für die Freiheit - 100 Jahre SPD in Stuttgart")

Transportkolonne Otto:

Die KPD war auf die illegale Arbeit besser eingestellt, was aber nicht verhindern konnte, daß es dennoch zu tausenden Verhaftungen und Opfern von Menschenleben kam. Denn auch die KPD hatte die Brutalität des deutschen Faschismus gewaltig unterschätzt.

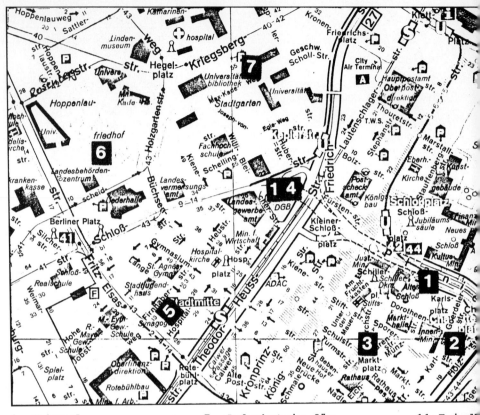

1	Mahnmal	7	Gedenkstein für	11 Fried
2	"Hotel Silber"		Lilo Herrmann	12 Haupt
3	Marktplatz	8	Werderstr.12	halde
4	Hinrichtungsstätte	9	Rossebändiger im	13 Happo
	Lichthof		Unteren Stadtgarten	Bosch
5	Synagoge	10	Annastr.6 / Luginsland	14 DGB –
6	Hoppenlau-Friedhof			
	Jüdischer Friedhof			

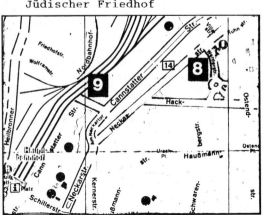

ntertürkheim
hof Stein-

– Blick auf

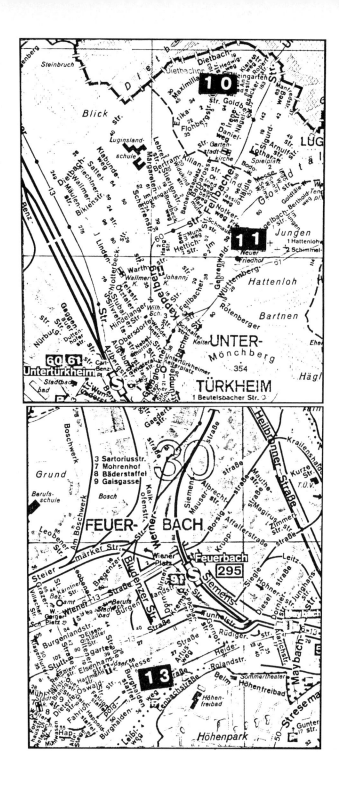

Auf Beschluß der Parteileitung der KPD wurde erst im Januar/Februar 1933 ein illegal arbeitender Apparat aufgebaut. Er hatte dafür zu sorgen, daß die in der Schweiz gedruckten Exemplare der Roten Fahne, der Süddeutschen Arbeiterzeitung (SAZ), Flugblätter und als harmlos getarnte Broschüren nach Süddeutschland kamen und dort verbreitet wurden.
Die Transportkolonne Otto war so gut organisiert, daß sie nie als Organisation aufgedeckt und zerschlagen werden konnte. Sie war einerseits zentral geführt, andererseits verband sie sich eng mit den Menschen, bezog sie in kleinere Aktivitäten ein und ermöglichte es ihnen damit, einen Beitrag zum Widerstand und für die Aufklärung zu leisten. So war es möglich, daß z.b. am bereits faschistischen 1. Mai 1933, die SAZ in Massenauflage verteilt wurde. Sogar 1935 konnte der Rote Bosch-Zünder, die Betriebszeitung der KPD, in Feuerbach erscheinen. Die Transportkolonne Otto transportierte die Drucksachen in einer Auflage von 200 bis 3 500 Exemplaren aus der Schweiz nach Süddeutschland. Sie hatte feste Stützpunkte in der Schweiz und im deutschen Grenzgebiet. Die Übergänge wurden immer wieder überprüft, ausgebaut und gegen Überraschungen abgesichert. Oft gab es Schwierigkeiten, und neue Methoden mußten gefunden werden. Die Arbeitersportler hatten einen bedeutenden Anteil an den illegalen Transporten, besonders die Schwimmer, die das Material in wasserdichten Säcken oder mit Paddelbooten über den Rhein brachten. Auch verfolgte Funktionäre wurden über die Grenze aus Deutschland herausgebracht. Die Drucksachen wurden dann per Post aufgegeben, als andere Drucksachen getarnt oder als Kaffee tassen deklariert und an weitere Orte zur Verteilung über örtliche Verbindungsleute gebracht. **Else Himmelheber**, wurde im Juni 33 am Löwentor zum ersten Mal verhaftet, als sie abends um 9 Uhr einem aus Feuerbach kommenden Mann ein Paket übergab. In diesem Fall konnte die Polizei laut Anklageschrift nachweisen, daß sie 2 Kisten aus Konstanz, deklariert mit Glas, die 3500 SAZ enthielten, in Paketen von 60,70 Stück und 200-300 Exemplaren an verschiedene ebenfalls angeschuldigte bzw. unbekannte Personen weitergegeben hatte. (Vergl: Willi Bohn, "Stuttgart geheim", S. 53 ff).

Das Kettensystem

Wie war es möglich, daß relativ viel und häufig Material vertrieben werden konnte, daß sich der Widerstandskreis vergrößerte, "daß der kommunistische Untergrund seit 1941 seine Aktivitäten verstärken konnte und zur Zeit über die bestorganisierte und erfolgreichste Widerstandsorganisation verfügt."(Fichter/Eberle,Der Kampf um Bosch, S.41) Willi Dickhut schreibt in dem Buch "So war's damals"(S. 239), daß die noch von der Gruppe G praktizierte 5er Gruppe unter den Bedingungen der verschärften Bespitzelungen zu gefährlich wurde und zu Massenverhaftungen geführt hatte. Deshalb führte die KPD das Kettensystem ein. "Nur in der Leitung kamen wir mit drei Genossen zusammen. Wenn nur zwei Genossen zusammenkamen, fiel das nicht auf, denn das konnte zufällig geschehen, nicht aber, wenn drei und mehr zusammen gesehen wurden. Wie eine Kette, so waren unsere Verbindungen. Jeder Genosse hatte zwei Verbindungen, eine nach oben und eine nach unten, wie jedes Kettenglied zwei andere Kettenglieder umschließt. So gab jeder Genosse die Anweisungen und Mitteilungen von dem Dreierkopf nach unten weiter und Berichte, Mitteilungen, Erfahrungen usw. nach oben zurück. Es herrschte zwischen den Gliedern eiserne Disziplin. Eine Kette lief neben der anderen... Jeder einzelne handelte nach der Grundregel der konspirativen Arbeit: "Niemand darf von der Organisation und der konspirativen Arbeit mehr wissen, als zur Durchführung seiner Arbeit notwendig ist."

Station:
Haus der Familie Schlotterbeck / Annastr.6 Luginsland
oder:

Friedhof Untertürkheim, Grab der Familie Schlotterbeck

Achtung: Man kann mit dem Bus nicht in die Annastr. hineinfahren, entweder parken am Ende der Fellbacherstr(Hauptstr.) oder Im Weingarten.

Widerstandsgruppe Schlotterbeck

Am 30. November 1944, wurden zehn Männer und Frauen der Widerstandsgruppe Schlotterbeck im KZ Dachau ermordet. Als 1933 in Untertürkheim und Luginsland 60 Leute - nach den schwarzen Listen der Nazis - verhaftet und ins KZ Heuberg transportiert wurden, war unter ihnen auch der 53jährige Metallarbeiter, Gewerkschaftler und Kommunist **Gotthilf Schlotterbeck**. Er war früher bei Daimler-Benz beschäftigt. Sein 14jähriger Sohn **Hermann** wurde mit ihm verhaftet. Gotthilf Schlotterbeck wurde zwar 1934 wieder freigelassen, blieb jedoch unter strenger Polizeiaufsicht. Hermann kam nach einigen Wochen aus dem KZ zurück. SS-Männer waren auf dem zu Boden geschlagenen Jungen herumgetrampelt. Seine schweren inneren Verletzungen ließen ihn nie wieder gesund werden. Die Mutter, **Maria Schlotterbeck**, entging der Verhaftung durch Einlieferung in ein Krankenhaus. Die Tochter **Gertrud** konnte sich zunächst durch Flucht der Verhaftung entziehen. Sie arbeitete illegal weiter. Später wurde sie verhaftet und im September 1934 zu 2 1/2 Jahren Gefängnis verurteilt. Am 1. Dezember 1933 wurde noch **Friedrich Schlotterbeck** verhaftet. Monatelang wurde er von Stadt zu Stadt verschleppt, verhört, gefoltert und schließlich ins KZ eingeliefert. Trotz wiederholter Verhaftungen und Verhöre einzelner Familienmitglieder setzten diese ihre Widerstandsarbeit unvermindert fort. Während des Krieges suchten und fanden sie neue Freunde, mit denen sie gemeinsam auf die Beseitigung der Nazi-Herrschaft und für die Beendigung des Krieges hinarbeiteten."Unter Beachtung aller Vorsichtsmaßregeln, gelang es ihnen, ihre Tätigkeit zu erweitern, Flugschriften und Broschüren zu verbreiten." (W.Bohn, Stuttgart geheim, S.145). Sie haben in der Annastr.6 in Luginsland gewohnt. Auch unter dem Druck des Nazistaats, der Verhöre und Bespitzelungen, sind sie in diesem Stadtteil nie in die Isolation geraten. Die Gegend war eine Hochburg der Arbeiterbewegung, die Familie als engagierte Kämpfer bekannt und anerkannt. So erfuhr z.B. Hermann viel Solidarität, als er aus dem KZ heimkehrte. Da die Mutter im Krankenhaus war, wurde der Schwerverletzte von Nachbarn und Freunden versorgt und gepflegt. Im Januar 1944 setzten die Engländer zwei deutsche Antifaschisten per Fallschirm ab, die den Auftrag hatten, die Gruppe Schlotterbeck zu stärken. Einer wurde beim Absprung verletzt, fiel in die Hände der Nazis und wurde ermordet, dem anderen, der Kontakt mit der Gruppe Schlotterbeck aufgenommen hatte, kam die Gestapo auf die Spur, setzte ihn unter Druck und erpreßte ihn zu Spitzeldiensten. Dies legte er im Sommer 1944 seinen Kameraden offen, die Gruppe Schlotterbeck beschloß nach Beratung, vier der am meisten gefährdeten Mitglieder sollten sich in die Schweiz in Sicherheit bringen. Das Haus der Familie war unter ständige Beobachtung gestellt worden, in der Nachbarschaft und im Betrieb wurden Erkundigungen eingezogen. Hermann und Friedrich Schlotterbeck und seine Braut **Else Himmelheber** versuchten, in die Schweiz zu

Das Haus der Familie Schlotterbeck - Gedenktafel der IG Metall.

Schlotterbeck, Gotthilf
geb. 1.2.1880
hingerichtet 30.11.1944 KZ Dachau

Schlotterbeck, Maria
geb. 17.3.1885
hingerichtet 30.11.1944 KZ Dachau

Lutz, Gertrud
geb. Schlotterbeck
geb. 17.9.1910
hingerichtet 30.11.1944 KZ Dachau

Schlotterbeck, Hermann
geb. 23.1.1919
ermordet 21.4.1945
bei Riedlingen/Donau

Kramer, Hermann
geb. 8.2.1907
ermordet 23.9.1944
KZ Sachsenhausen

Himmelheber, Else
geb. 30.1.1905
hingerichtet 30.11.1944 KZ Dachau

Klenk, Sophie
geb. Wimmer
geb. 12.5.1904
hingerichtet 30.11.1944 KZ Dachau

Heinser, Erich
geb. 7.3.1920
hingerichtet 30.11.1944 KZ Dachau

Gärttner, Emil
geb. 30.8.1896
hingerichtet 30.11.1944 KZ Dachau

Seitz, Emmy
geb. Ramin
geb. 19.3.1904
hingerichtet 30.11.1944 KZ Dachau

Seitz, Hermann
geb. 24.3.1907
hingerichtet 30.11.1944 KZ Dachau

Seitz, Theodor
geb. 29.6.1912
hingerichtet 30.11.1944 KZ Dachau

Die Widerstandsgruppe Schlotterbeck.

Waldheim Gaisburg, um 1920

Der »Spieltrupp Südwest« führt im Sommer 1932 im Waldheim Sillenbuch »Wie stehen die Fronten?« von Friedrich Wolf auf.

KPD-Betriebszeitungen aus Stuttgarter Großbetrieben

flüchten. Doch nur Friedrich kam durch. Kurz darauf wurden Gotthilf und Maria Schlotterbeck mit Else Himmelheber und zahlreichen anderen Mitgliedern der Widerstandsgruppe von der Gestapo verhaftet. Der zunächst angekündigte Prozeß fand nicht statt. Am 30.November 1944 wurden sie zusammen mit der Tochter **Gertrud Lutz, Sophie Klenk, Erich Heinser, Emil Gärttner, Emmi Seitz-Ramin** und ihrem Mann in Dachau hingerichtet. Der junge Hermann wurde zwei Tage vor dem Zusammenbruch des Faschismus in Riedlingen mit zwei anderen Kameraden erschossen. Sie hatten zuvor ihr eigenes Grab schaufeln müssen. Friedrich Schlotterbeck kehrte 1945 in sein leeres Elternhaus zurück. Er hatte als einziger überlebt. Die IG Metall hat zur Erinnerung an die Familie eine Gedenktafel am Haus angebracht.

Friedrich Schlotterbeck lebte dann in der DDR und hat in dem Buch "Je dunkler die Nacht - Erinnerungen eines deutschen Arbeiters 1933 - 1945" (Gabriele Walter Verlag Stuttgart) seine 10jährige KZ-Haft, den Kampf und die Verfolgung seiner Familie beschrieben.

Im Anschluß oder unterwegs:

Arbeiterbewegung vor 1933

In den 20er Jahren war die Arbeiterbewegung im Kampf gegen die Abwälzung der Krisenlasten, gegen Rationalisierung und Arbeitslosigkeit, für demokratische Rechte und den Sozialismus stetig angewachsen. Es gab eine weitverbreitete Arbeiterkultur, getragen von selbstbewußten Menschen, die z.B. Theaterstücke aufführten; so gab es viele Arbeiter- und Bauernspieltrupps, die u.a. **Friedrich Wolfs** politisch aufrüttelnde Theaterstücke spielten. Mitte der 70er Jahre wurden im Dachgebälk eines alten Bauernhauses in Stuttgart-Rohracker mehrere Exemplare von Friedrich Wolfs Stücken gefunden. Sie waren dort versteckt und schließlich vergessen worden.

Es gab auch in Stuttgart viele Arbeitergesangsvereine mit so klingenden Namen wie "Gleichheit", "Vorwärts" "Lassalia" oder "Konkordia". Ihre Texte entlehnten sie oft der politisch bekämpften bürgerlichen Kultur. Man änderte einfach eine Textstelle eines bürgerlichen Liedes oder schrieb den Text neu, um daraus Freiheitslieder zu machen.

Die Arbeiterturn- und Sportbewegung entstand in bewußtem Gegensatz zu den reichen bürgerlichen Sportvereinen. Die Arbeiterturnvereine verstanden sich als Teil der Arbeiterbewegung. Aus der Schwierigkeit heraus, geeignete Hallen zu bekommen und weil sie nicht auf die Nebenzimmer der Gasthäuser (ständige Verführung zum Alkoholgenuß!) angewiesen sein wollten, entstanden vor und nach dem 1. Weltkrieg eine Anzahl von Vereinsheimen und Turnplätzen, die weitgehend von den Arbeitern selbst in der ohnehin schon knappen Freizeit aufgebaut und finanziert wurden. Anzeigen in der Schwäbischen Tagwacht belegen, daß die Stuttgarter Arbeiterturnvereine ihren Mitgliedern auch andere Möglichkeiten zur eigenen Aktivität anboten: Es gab Theater- und Gesangsabteilungen, Schachgruppen, Akrobaten, Spielmannszüge, Vorträge und Wanderungen. Sie "waren ein wichtiger Kristallisationspunkt für die Entfaltung und Entwicklung einer Arbeiterkultur." (Arbeiterbewegung - Arbeiterkultur Stuttgart 1890-1933, S. 38)

Der Arzt und Schriftsteller Friedrich Wolf kämpfte in Stuttgart um das Luftbad in Degerloch, damit auch Arbeiterkinder frische Luft und Sonne genießen konnten. Der Natur- und Touristikverein "Die Naturfreunde" organisierte Ausflüge und Wanderungen, baute Heime und Hütten für die Wanderer und ermöglichte vielen Familien so einen preiswerten Urlaub. Die Stuttgarter Waldheimbewegung schuf tausenden Familien, die in schlecht belüfteten Wohnungen im Talkessel wohnten, unschätzbare Erholungsstätten. Diese Waldheime gibt es heute noch: Das Straßenbahner-Waldheim, das Gaisburger -, das Heslacher Waldheim, das Waldheim Raichberg. Außerdem gab es das Naturfreundehaus Krumbachtal mit Freibad, NF-Haus der Ortsgruppe Stuttgart in Aidlingen...

In den Betrieben gab es starke Betriebszellen der SPD und KPD, die regelmäßig Betriebszeitungen herausgaben, mit denen sie den Kampf um die Arbeiterrechte organisierten und konkrete betriebliche Vorfälle aufs Korn nahmen. Auch die KPO (Kommunistische Partei Opposition) hatte in Stuttgart einen beträchtlichen Einfluß, besonders im Deutschen Metallarbeiterverband DMV.

Mit der Zerschlagung der organisierten Arbeiterbewegung wurde auch diese Kultur verboten und das Vermögen beschlagnahmt.

Der Gedenkstein auf dem Feuerbacher Friedhof verdeutlicht, daß 1. der Arbeiterwiderstand der Hauptwiderstand war, daß 2. dieser Widerstand durch die ganze Zeit der Nazi-Diktatur andauerte - wie die Jahreszahlen der Todesfälle bezeugen und daß 3. es schon vor 1933 Widerstand durch die Arbeiterbewegung gab - siehe Hermann Weisshaupt, KJV-Mitglied, der 1931 als 23jähriger von der SA ermordet wurde.

Friedhof Feuerbach

Feuerbacher-Tal-Straße

Gedenkstein für die Opfer aus dem Stadtbezirk Feuerbach:

Walter Frohnmüller, beim Bewährungsbataillon 999 gefallen;

Jakob Kraus, ehem. Stadtrat, nach 6 Jahren politischer Haft am 27.1.43 im ehem. Polizeigefängnis Büchsenstr. umgekommen.

Wilhelm Noller, im KZ Welzheim zum Krüppel geschlagen und am 8.10.42 in der Heilanstalt Zwiefalten verstorben;

Karl Schneck, ehem. KPD-Landtagsabgeordneter in Württemberg, nach KZ-Haft in Kislau krank entlassen und in der Emigration gestorben;

Hermann Weisshaupt, 1931 von den Nazis ermordet;

Karl Wilhelm, nach vielen Jahren politischer Haft im Zuchthaus Ludwigsburg und im KZ Dachau zwangsweise zur SS-Strafdivision Dirlewanger dienstverpflichtet und im Januar 1945 an der Ostfront gefallen.

Station:
Bosch Feuerbach
Beispiel für die Rolle der deutschen Industrie

Was sind die Ursachen des Faschismus? Darüber gibt es seit Jahren Historikerdebatten. Und nicht zufällig fallen dabei die historischen Tatsachen, daß vor allem das deutsche Finanzkapital Hitler an die Macht brachte und von seiner Politik profitierte, immer mehr unter den Tisch. Wir möchten vor allem auf die Tatsache hinweisen, daß es nicht nur einen **Nürnberger Prozeß** (1) - den gegen die Nazi-Größen - gab, sondern über 10 Prozesse gegen die gesamte deutsche Industrie-Elite, in denen diese als Hauptkriegsverbrecher von den Alliierten verurteilt wurden. Der Verlag 2001 hat drei dieser Prozeßakten, die sog. Omgus-Ermittlungen, veröffentlicht, die auch in der Literaturliste angeführt sind.

Man muß sich die historische Ausgangslage in und nach der Weltwirtschaftskrise vergegenwärtigen. Eine innenpolitische Krise jagte die andere, bei den Reichstagswahlen im Juni 1932 wird die NSDAP zur stärksten Partei, die Notverordnungspolitik der Papen-Regierung scheitert, der Reichstag wird aufgelöst, die November-Wahlen für den Reichstag zeigten, daß die NSDAP 2 Millionen Stimmen verlor, während die KPD 700 000 Stimmen dazugewann. Thyssen und der ehemalige Reichsbankpräsident Schacht forderten zusammen mit anderen Nazi-Industriellen nun den Reichspräsidenten Hindenburg offen auf, Hitler die Regierungsgeschäfte als Reichskanzler zu übertragen. Thyssen, Flick, Krupp, Stinnes, Schacht und der Bankier Schröder, der Pressezar Hugenberg waren sich einig, die Ergebnisse des 1.Weltkrieges nicht anzuerkennen und drängten auf eine Neuaufteilung der Märkte, Rohstoffgebiete und Machteinflüsse in Europa. Der Aufsichtsratsvorsitzende der IG-Farben, Carl Duisberg, stellte schon im März 1931 seine Europapläne vor der Industrie- und Handelskammer in München klar: **"Erst ein geschlossener Wirtschaftsblock von Bordeaux bis Odessa wird Europa das wirtschaftliche Rückgrat geben, dessen es zu seiner Behauptung seiner Bedeutung in der Welt bedarf."** (in: R. Opitz, Europastrategien des deutschen Kapitals 1900 -1945, Köln 1977, S.581)

Im Februar 1932 hatte Hitler vor führenden Industrievertretern seine politischen Ideen erläutert und seither fand die NSDAP zunehmend politische und finanzielle Unterstützung. Der Flick-Konzern ist nicht erst heute ein großzügiger Spender. Vor 1933 waren die Nazis mit über 12 Mio RM verschuldet und hatten wenig Aussicht, das Loch in der Kasse zu stopfen. Deshalb spendete Flick 1932 - zwar längst nicht so viel wie Thyssen - aber doch immerhin 20 000 RM, erhöhte im Januar 1933 auf 100 000 RM und stellte für die Märzwahlen 1933 weitere 200 000 RM zur Verfügung. Daimler finanzierte die Werbung in den Zeitungen, bot dem Führer "Leihwagen" und hohe Rabatte für die Parteiwagen an. Vor und nach dem 30. Januar entwickelten sich äußerst enge Beziehungen zwischen der NSDAP und Vertretern der verschiedenen Industriebranchen.

Wie positiv sich der Faschismus für das Großkapital auswirkte, zeigt das Beispiel der Firma Robert Bosch. Die Firma hatte Anfang der 30er Jahre ca 8 600 Beschäftigte und war kein großer Monopolbetrieb. Bereits 1938 hatte sie durch die Entwicklung der Autoindustrie eine weltweite Monopolstellung für Magnetmaschinen und Einspritzpumpen und beschäftigte 30 000 Menschen. Auch das Vermögen entwickelte

An die Gefolgschaft

Vor einigen Wochen mußten wir gegen eine Anzahl arbeitsscheuer, vertragsbrüchiger Gefolgschaftsangehöriger beim Treuhänder der Arbeit Anzeige erstatten. Für die Betreffenden hatte ihr unverantwortliches Verhalten schwerwiegende Folgen.

Aber trotz mehrfacher Warnungen glauben vereinzelte männliche und weibliche Gefolgschaftsmitglieder immer noch, unentschuldigt nach eigenem Gutdünken jetzt mitten im Krieg der Arbeit fernbleiben und andere für sich arbeiten lassen zu können.

Der Gefolgschaftsangehörige Eug. n Diehm (Oberwerk), der allen Mahnungen zum Trotz mehrmals, auch auf wiederholte Verwarnung hin, von der Arbeit weggeblieben war, wurde nunmehr vom Herrn Oberstaatsanwalt beim Landgericht Stuttgart wegen Arbeitsvertragsbruchs zu

vier Monaten Gefängnis

verurteilt.

Während ein großer Teil unsrer Gefolgschaft willig Überzeitarbeit auf sich nimmt, kann nicht geduldet werden, daß sich einzelne um die Arbeit drücken, zu der wir alle im Interesse der Landesverteidigung der Volksgemeinschaft gegenüber verpflichtet sind.

Stuttgart, 26. März 1940   Der Betriebsführer

DER FÜHRER

Ich verleihe auf Vorschlag des Reichsorganisationsleiters der NSDAP. und Leiters der Deutschen Arbeitsfront dem Betrieb

Robert Bosch GmbH.
Stuttgart

heute am Nationalfeiertag des Deutschen Volkes die Bezeichnung

NATIONALSOZIALISTISCHER MUSTERBETRIEB

Die Auszeichnung erfolgt auf Grund von Verdiensten im Sinne meiner Verfügung vom 29. August 1936 über nationalsozialistische Musterbetriebe. Mit der Überreichung dieser Urkunde erhält die Betriebsgemeinschaft das Recht, die Flagge der Deutschen Arbeitsfront mit goldenem Stab und goldenen Fransen zu führen.

Berlin, den 1. Mai 1942

---

der Bosch-Zünder

Werkzeitschrift für die Gefolgschaft der Robert Bosch A.-G.
Stuttgart   Feuerbach
18. Jahrgang 5. Heft   31. Mai 1937

Es gibt nur mehr deutsche Volksgenossen, und sie werden nur gewertet nach ihrer **LEISTUNG.**

Adolf Hitler   1. Mai 1937

DER FÜHRER

Der Robert Bosch G.m.b.H. Wirtschaft und Wehrmacht Leistungen vollbracht und damit an der Gestaltung einer großen deutschen Zukunft entscheidenden Anteil. Im Mittelpunkt dieser Leistungen steht das Schaffen des

Herrn Dr.-Ing. h. c. Robert Bosch

dem ich am heutigen Tage auf Vorschlag des Reichsorganisationsleiters und Leiters der Deutschen Arbeitsfront als fünftem deutschen Betriebsführer die Auszeichnung

PIONIER DER ARBEIT

und das Ehrenzeichen hierzu in Gold verleihe.

Berlin, den 23. September 1941

sich rasant: Von 119 700 000 RM im Jahr 1942 auf 353 076 000 RM im Jahr 1945.(aus einem Dossier der US-Entflechtungsabteilung 1948, zitiert in Fichter/Eberle, Der Kampf um Bosch, S.80) Auch wenn Robert Bosch kein Parteimitglied in der NSDAP war, so machte das letztlich nichts aus. Er richtete seinen Betrieb allseitig auf die neuen Verhältnisse ein (NS-Musterbetrieb!). Sein 1. Direktor, der Geschäftsführer Hans Walz (2) war ein wichtiges Mitglied in folgenden Organisationen: In der SS, der NSDAP, im Freundeskreis des Reichsführers SS, der die gesamte Wirtschaftspolitik im Nazistaat steuerte, und im Wehrwirtschaftsrat, der die Kriegswirtschaft dirigierte.

1936 wurde die Vierjahresplan-Behörde eingerichtet, die unter Führung der Industrie den Auftrag hatte, Deutschland kriegsbereit zu rüsten. Gleichzeitig legten die wichtigsten Industriebetriebe und Banken (IG-Farben, Deutsche Bank, Röchling z.B.) ihre Kriegszielpläne vor.

Für die Aggression nach außen mußte totale Ruhe im Innern geschaffen werden. Denn die Faschisten hatten nie die Mehrheit unter den Arbeitern, und im deutschen Volk herrschte keine Kriegsstimmung. Deshalb zerschlugen die Nazis die Arbeiterbewegung, ihre Parteien und die Gewerkschaften. An ihre Stelle setzten sie die "Deutsche Arbeitsfront". Sie vereinigte die Eigentümer der Betriebe - die "Betriebsführer" - zwangsweise mit der Belegschaft - der "Gefolgschaft". Sie funktionierte nach dem faschistischen Führerprinzip von Befehl und Gehorsam. Diese "Betriebsgemeinschaft" war die konkrete Form der faschistischen Volksgemeinschaft und bedeutete brutalen Klassenkampf von oben.

Auch bei der Firma Bosch wurde entsprechend gehandelt: Zitat aus den **10 Geboten der Betriebsgemeinschaft:**

"8. Steht alle Gefolgschaftsmitglieder in Treue zu Eurem Führer des Betriebs. Fühlt Euch dem Werke verbunden in guten und in bösen Tagen. Habt Verständnis für die wirtschaftliche Lage Eures Betriebs und die Sorgen, die dessen Führer oft schwer bedrücken. In Notzeiten bildet eine Notgemeinschaft. Die bestmögliche Leistung des Betriebs kommt nicht dem Unternehmer allein, sondern in erster Linie Euch selbst zugute. Rechtfertigt Vertrauen durch treue Pflichterfüllung. Seid stolz auf Euer Werk und Euren jugendlichen Mitarbeitern Vorbild in der Arbeit und im Benehmen. Haltet untereinander alle, die Ihr werkverbunden seid, treu Kameradschaft und erzieht Euch gegenseitig."

Der Bosch-Zünder, Werkzeitschrift für die Gefolgschaft der Robert Bosch GmbH Stuttgart Feuerbach, druckte im Januar 1941 Hitlers Tageslosung zum Jahrestag der faschistischen Machtergreifung ab:
"Es ist ein wunderbarer Gemeinschaftsgedanke, der unser Volk beherrscht! Daß dieser Gedanke in seiner ganzen Kraft uns im kommenden Jahr erhalten bleibe, das sei der Wunsch des heutigen Tages! Daß wir für diese Gemeinschaft arbeiten wollen, das sei unser Gelöbnis! Daß wir im Dienst dieser Gemeinschaft den Sieg erringen, ist unser Glaube und unsere Zuversicht!"

Eingabe von Industriellen, Bankiers und Großagrariern an Reichspräsident von Hindenburg vom November 1932

Ew. Exzellenz, November 1932
Hochzuverehrender Herr Reichspräsident!

Gleich Eurer Exzellenz durchdrungen von heißer Liebe zum deutschen Volk und Vaterland, haben die Unterzeichneten die grundsätzliche Wandlung, die Eure Exzellenz in der Führung der Staatsgeschäfte angebahnt haben, mit Hoffnung begrüßt. Mit Eurer Exzellenz bejahen wir die Notwendigkeit einer vom parlamentarischen Parteiwesen unabhängigen Regierung, wie sie in den von Eurer Exzellenz formulierten Gedanken eines Präsidialkabinetts zum Ausdruck kommt.

Der Ausgang der Reichstagswahl vom 6. November d. J. hat gezeigt, daß das derzeitige Kabinett, dessen aufrechten Willen niemand im deutschen Volk bezweifelt, für den von ihm eingeschlagenen Weg keine ausreichende Stütze im deutschen Volk gefunden hat, daß aber das von Eurer Exzellenz gezeigte Ziel eine volle Mehrheit im deutschen Volk besitzt, wenn man – wie es geschehen muß – von der staatsverneinenden Kommunistischen Partei absieht. Gegen das bisherige parlamentarische Parteiregime sind nicht nur die Deutschnationale Volkspartei und die ihr nahestehenden kleinen Gruppen, sondern auch die Nationalsozialistische Deutsche Arbeiterpartei grundsätzlich eingestellt und haben damit das Ziel Eurer Exzellenz bejaht. Wir halten dieses Ergebnis für außerordentlich erfreulich und können uns nicht vorstellen, daß die Verwirklichung dieses Zieles nunmehr an der Beibehaltung einer unwirksamen Methode scheitern sollte.

Es ist klar, daß eine des öfteren wiederholte Reichstagsauflösung mit sich häufenden, den Parteikampf immer mehr zuspitzenden Neuwahlen nicht nur einer politischen, sondern auch jeder wirtschaftlichen Beruhigung und Festigung entgegenwirken muß. Es ist aber auch klar, daß jede Verfassungsänderung, die nicht von breitester Volksströmung getragen ist, noch schlimmere wirtschaftliche, politische und seelische Wirkungen auslösen wird.

Wir erachten es deshalb für unsere Gewissenspflicht, Eure Exzellenz ehrerbietig zu bitten, daß zur Erreichung des von uns allen unterstützten Zieles Eurer Exzellenz die Umgestaltung des Reichskabinetts in einer Weise erfolgen möge, die die größtmögliche Volkskraft hinter das Kabinett bringt.

Wir bekennen uns frei von jeder engen parteipolitischen Einstellung. Wir erkennen in der nationalen Bewegung, die durch unser Volk geht, den verheißungsvollen Beginn einer Zeit, die durch Überwindung des Klassengegensatzes die unerläßliche Grundlage für einen Wiederaufstieg der deutschen Wirtschaft erst schafft. Wir wissen, daß dieser Aufstieg noch viele Opfer erfordert. Wir glauben, daß diese Opfer nur dann willig gebracht werden können, wenn die größte Gruppe dieser nationalen Bewegung führend an der Regierung beteiligt wird.

Die Übertragung der verantwortlichen Leitung eines mit den besten sachlichen und persönlichen Kräften ausgestatteten Präsidialkabinetts an den Führer der größten nationalen Gruppe wird die Schwächen und Fehler, die jeder Massenbewegung notgedrungen anhaften, ausmerzen und Millionen Menschen, die heute abseits stehen, zu bejahender Kraft mitreißen.

In vollem Vertrauen zu Eurer Weisheit und Eurer Exzellenz Gefühl der Volksverbundenheit begrüßen wir Eure Exzellenz

mit größter Ehrerbietung

(Zu den Unterzeichnern der Eingabe gehörten u. a. Hjalmar Schacht, Kurt Freiherr von Schröder, Fritz Thyssen, Eberhard Graf von Kalckreuth, Friedrich Reinhart, Kurt Woermann, Kurt von Eichborn, Emil Helfferich, Carl Vincent Krogmann, Joachim von Oppen, Franz Heinrich Witthoefft, Robert Graf von Keyserlingk.)

Dennoch waren auch solche Aushänge wie der folgende nötig:

"Stuttgart, 26.3.1940
An die Gefolgschaft
Vor einigen Wochen mußten wir gegen eine Anzahl arbeitsscheuer, vertragsbrüchiger Gefolgschaftsangehörige beim Treuhänder der Arbeit Anzeige erstatten. Für die Betreffenden hat ihr unverantwortliches Verhalten schwerwiegende Folgen. Aber trotz mehrfacher Warnung glauben vereinzelte männliche und weibliche Gefolgschaftsmitglieder immer noch, unentschuldigt nach eigenem Gutdünken jetzt mitten im Krieg der Arbeit fernbleiben und andere für sich arbeiten lassen zu können. Der Gefolgschaftsangehörige Eugen Diehm (Ölerwerk), der allen Mahnungen zum Trotz mehrmals, auch auf wiederholte Verwarnung hin, von der Arbeit weggeblieben war, wurde nunmehr vom Herrn Oberstaatsanwalt beim Landgericht Stuttgart wegen Arbeitsvertragsbruch zu vier Monaten Gefängnis verurteilt. Der Betriebsführer (Walz)"

Nach einer Aufstellung des Bosch-Betriebsrats von 1945 waren 73% der leitenden Angestellten, 36% der Angestellten und 11% der Arbeiter Mitglieder in der NSDAP, der SA oder SS.

Wie viele andere Betriebe in Deutschland ließ auch die Firma Bosch "andere für sich arbeiten", die Zwangsarbeiter. Einige ältere Kollegen vom Bosch erzählten, daß sie sich noch sehr gut erinnern können, als 1941 russische Arbeiterinnen nach Feuerbach deportiert wurden, um bei Bosch Zwangsarbeit zu leisten. Sie mußten unter menschenunwürdigen Bedingungen leben und arbeiten. Viele sahen ihre Heimat nie wieder. Es wird berichtet, daß etliche Kollegen diesen Gefangenen öfters ein Stück Brot zusteckten, obwohl es verboten war.

Erzählt wurde auch folgendes: Bei der Essensausgabe im Werk wollte ein Werksangestellter, der Nazi war, sich nicht hinter ausländischen Zwangsarbeitern anstellen. Der Kollege, der das Essen austeilte, schrie ihn an: "Du Nazi-Schwein bist nichts Besseres!" Kurz darauf wurde der Essensausteiler verhaftet und kam ins KZ. 1944 wurde er dort umgebracht.

Ab 1942 wurde verstärkt zur "Winterhilfe" für die Wehrmacht aufgerufen. Bei jeder Lohnauszahlung deutete der Meister auf die Spendenbüchse. Etliche Kollegen waren nicht bereit, den Krieg durch ihre Unterstützung hinauszuzögern und spendeten nichts. Es kam oft vor, daß diese Kollegen nicht mehr lange im Betrieb waren und einen Stellungsbefehl an die Front bekamen.

Widerstandsgruppen, bei denen hauptsächlich Bosch-Arbeiter beteiligt waren, gab es vor allem im Stuttgarter Westen. Ihre Arbeit wurde aber kaum im Betrieb durchgeführt, da es sehr gefährlich war. Während des Krieges bestand eine illegale Betriebsgruppe der KPD, von der 1945 die Initiative zur Gründung einer offiziellen Betriebsgruppe ausging. In kürzester Zeit umfaßte sie 45 Mitglieder, Sympathisierende nicht mitgerechnet. Sie haben nach Kriegsende die Produktion und die Verteilung von Lebensmitteln organisiert. (Angaben von verschiedenen Bosch-Mitarbeitern und aus dem Buch von Tilman Fichter/Eugen Eberle: Kampf um Bosch, Wagenbach-Verlag)

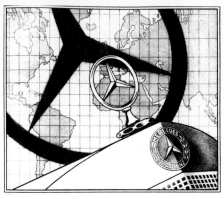

TATEN VON WELTGELTUNG

waren und bleiben unser Prüffeld. Die vielfältigen Erfahrungen hieraus sind die Vorbedingungen des Erfolges: Spitzenleistungen als preiswerte Serienerzeugnisse für mehr und mehr deutsche Volksgenossen.

MERCEDES-BENZ   MERCEDES-BENZ

Daimler-Benz

Eine zentrale Rolle im Faschismus spielte Daimler-Benz und dessen Mehrheitsaktionär, die Deutsche Bank. So wurden auch Flick und Abs als Hauptkriegsverbrecher verurteilt. Darüber gibt es genaue Unterlagen in den genannten Omgus-Berichten (Office of Military Government for Germany, United States). Der Omgus-Bericht der US-Finanzabteilung kommt nach umfangreichen Analysen zu dem klaren und eindeutigen Schluß:
"Es wird empfohlen, daß
1. die Deutsche Bank liquidiert wird
2. die verantwortlichen Mitarbeiter der Deutschen Bank angeklagt und als Kriegsverbrecher vor Gericht gestellt werden
3. die leitenden Mitarbeiter der Deutschen Bank von der Übernahme wichtiger oder verantwortlicher Positionen im wirtschaftlichen und politischen Leben ausgeschlossen werden." (Omgus. Ermittlungen über die Deutsche Bank, S. 11)

So wurden u.a. Abs, Flick und H. Rummel, Vorstandsmitglied der Deutschen Bank und Vorsitzender des Aufsichtsrats bei Daimler-Benz, als Kriegsverbrecher verurteilt. Die Deutsche Bank hat nicht nur Daimler als Rüstungskonzern aufgebaut und kontrolliert, sondern auch vom unbezahlten Einsatz von Zwangsarbeitern profitiert. Es ist bezeichnend, daß diese Herren nach der Wende der US-Außenpolitik mit der Byrnes-Rede in Stuttgart (Sept.1946) bis hin zur "roll-back-policy" wieder ihre alten Positionen in Wirtschaft und Politik einnehmen konnten. H.Rummel wurde wieder Vorsitzender des Aufsichtsrats bei Daimler-Benz, die Deutsche Bank mit Abs an der Spitze wurde mächtiger denn je.

Daimler war groß in der Produktion von Panzer-, Flugzeug und U-Bootmotoren. Die wachsende Kriegsproduktion konnte nur mit einem steigenden Anteil an Kriegsgefangenen, Zwangsarbeitern und KZ-Häftlingen aufrecht erhalten werden .1944 arbeiteten 4374 dieser Menschen allein in Untertürkheim bis zu 80 Stunden in der Woche! Im "Hirsch", im "Liederkranz", im "Ochsen" und in der Turnhalle in Rotenberg wurden die sog. Fremdarbeiter aus Belgien und Frankreich untergebracht.

Bis 1988 hat sich die Firma Daimler-Benz geweigert, diesen Zangsarbeitern eine Entschädigung zu bezahlen. Inzwischen leben nicht mehr viele oder sie sind schwer aufzufinden. Erst unter dem Druck der öffentlichen Meinung hat sich der Daimler-Benz Vorstand im Jubiläumsjahr entschlossen, mit einem allerdings eingeschränkten Schuldeingeständnis 20 Mio DM an verschiedene soziale Einrichtungen zu bezahlen.

Die Rosenbergstraße.

Stummes Zeugnis.

Station:
Marktplatz
oder
Hauptfriedhof Steinhaldenfeld
oder
Blick vom Kriegsbergturm oder Eugensplatz oder ähnlicher Aussichtspunkt.

Faschismus bedeutet Krieg - Stuttgart im 2. Weltkrieg

Nach einer Reihe vorbereiteter Aggressionen wie dem Einmarsch in das entmilitarisierte Rheinland, der Unterstützung der spanischen Faschisten unter Franco mit Bomben und Soldaten, dem gewaltsamen "Anschluß" Österreichs an das Deutsche Reich und der Besetzung der Tschechoslowakei begann am 1. September 1939 mit dem Überfall auf Polen der 2. Weltkrieg. Mindestens 55 Mio Menschen kamen ums Leben, das Leiden der Menschen, die Angehörige verloren, deren Gesundheit ruiniert wurde, die ihre Häuser und Habseligkeiten verloren, verschleppt und brutal ausgebeutet wurden, die in ständiger Angst vor Hunger und Tod lebten, dieses Leiden kann nicht gezählt werden. Der nationale Virus "Wir Deutschen sind die Besten - uns braucht die Welt!" wirkte durch die "Blitzsiege". Doch dann mußte die Bevölkerung erleben, daß sie für Deutschlands Größe mit ihrer Arbeitskraft, ihrer Gesundheit, mit ihrem Hab und Gut, dem Leben der Männer und Söhne bezahlen mußte. Der Krieg richtete sich nicht nur gegen fremde Länder, besonders die Sowjetunion, sondern auch gegen sie selbst. Er kehrte ins Land zurück und hinterließ ein Trümmerfeld.

Auch in Stuttgart wurde der Beginn des Krieges wahrgenommen, ohne daß es anfangs zu großen Veränderungen kam. Lediglich die Einführung von Rationierungsmaßnahmen und die allgemeine Verdunkelungspflicht, die schon am 27.August für den 1.9. im NS-Kurier angekündigt war, machten die Gefahren des Krieges - vielleicht - bewußt. Aber schon ein 3/4 Jahr später, am 30. Juni 1940 erlebten die Stuttgarter ihren ersten Luftalarm, bei dem die Stadt jedoch nicht angegriffen wurde. In den nächsten 5 Jahren sollten noch 388 Luftalarme folgen. Der 1. Luftangriff auf das Stadtgebiet war am 25. August 1940, bei dem vier Menschen in Gaisburg starben und fünf verwundet wurden. Es folgten noch 52 weitere Luftangriffe auf Stuttgart. Nach diesen Angriffen waren die Innenstadt und der Westen weitgehend zerstört. Die Bilanz der Bombennächte in und um Stuttgart ist erschütternd: 4.562 Menschen verloren ihr Leben, darunter 770 Ausländer, die als Kriegsgefangene oder verschleppte Zivilarbeiter in Stuttgart lebten. 8 908 Menschen wurden verletzt, wieviele an den Folgen starben, läßt sich nicht feststellen. Bei den Angriffen auf die Stadt waren rund 8 300 Flugzeuge eingesetzt, die zusammen 12 000 Sprengbomben und rund 1 300 000 Brandbomben auf die Stadt abwarfen. Dieser enorme Bombenhagel hatte zur Folge, daß 57 % = 39 125 Gebäude, darunter 32 549 Wohnhäuser zerstört oder beschädigt waren. Von den 150 000 Wohnungen waren 52 000 völlig zerstört und weitere zehntausende mehr oder weniger beschädigt. Die Zeit begann, in der in einer 3-Zimmer-Wohnung drei Familien leben mußten. Der Birkenkopf, "**Monte Scherbelino**", ist der Stuttgarter Trümmerberg. Bei den Aufräumungsarbeiten wurde der Ruinenschutt dort hinaufgekarrt. Man kann heute noch gut sehen, in welchen Häuserzeilen ein Haus übrig blieb, und wo ein Neubau, meist aus den 50er Jahren, die Ruine füllte. Der schöne alte Marktplatz in Stuttgart ist heute nicht mehr wiederzuerkennen. Nur noch ein Haus erinnert andeutungsweise daran, daß es noch aus dem Mittelalter stammt.

"Noch ist Schlesien nicht verloren"! "Unter dem Begriff Mitteldeutschland verstehe ich das gesamte Gebiet der sogenannten DDR. Dieser Begriff ist zugleich ein Zeichen dafür, daß es für uns auch noch deutsche Gebiete jenseits der 'DDR'gibt." (Republikaner Zeitung 8/90, S.8)

"Kohl: Bundeswehr in Krisenregionen
Bonn (rtr) Das wiedervereinigte Deutschland muß sich nach Auffassung von Bundeskanzler Helmut Kohl in der Weltpolitik auch militärisch stärker engagieren." (Stuttgarter Zeitung vom 10.9.90)

"Wellershoff will Bundeswehr international einsetzen
Saarbrücken (AP) Der Generalinspekteur der Bundeswehr, Admiral Dieter Wellershoff ... bezeichnete ... eine Beschränkung auf den Rahmen der Vereinten Nationen als eine "enge Fessel", die er persönlich nicht anlegen würde." (Stuttgarter Zeitung vom 5.11.90)

Verteidigungsminister Stoltenberg:
" Es muß möglich sein, die abgerüstete Bundeswehr schnell wieder auf Kriegsstärke (900 000 Mann) zu bringen." (Stuttgarter Zeitung vom 13.11.1990)

"Niemand sagt die Wahrheit. Auch nach wochenlangem Hin-und Herargumentieren über Westdeutschland, die Nato, die Sowjet-Union und Kurzstreckenraketen bringt kein Diplomat, kein Politiker und auch kein Staatschef den Mut auf, klipp und klar zu sagen, was hinter all dem steckt. Es ist diese Angst: Die Bundesrepublik, die bereits die führende Wirtschaftsmacht in Westeuopa ist, wird die Bresche Gorbatschow benutzen, um auch in Mittel- und Osteuropa die führende Wirtschaftsmacht zu werden. Die Furcht des Westens beruht auf der Logik des Konzepts, daß ein ungebremstes Deutschland erneut nach der Macht im Osten trachtet... Dann würde es seine zusätzliche Macht auch gegenüber dem Westen in die Waagschale werfen." (New York Times, zitiert nach: Die Zeit, 12.5.1989)

"Eine kontinentaleuropäische Großraumwirtschaft unter deutscher Führung muß in ihrem letzten Friedensziel sämtliche Völker des Festlandes von Gibraltar bis zum Ural und vom Nordkap bis zur Insel Cypern umfassen, mit ihren natürlichen kolonisatorischen Ausstrahlungen in den sibirischen Raum und über das Mittelmeer nach Afrika hinein... Wenn wir den europäischen Kontinent wirtschaftlich führen wollen,... so dürfen wir aus verständlichen Gründen diese nicht als eine deutsche Großraumwirtschaft öffentlich deklarieren. Wir müssen grundsätzlich immer nur von Europa sprechen, denn die deutsche Führung ergibt sich ganz von selbst aus dem politischen, wirtschaftlichen, kulturellen, technischen Schwergewicht Deutschlands und seiner geographischen Lage. Ebenso wird mit Hilfe unseres deutschen Wirtschaftssystems, wie es durch die nationalsozialistische Revolution geschaffen wurde, sich die Mark bei einer geschickten handelspolitischen Führung ganz von selbst als Standardwährung durchsetzen..." (Werner Daitz, Chemieindustrieller und Leiter der Abteilung Außenhandel der NSDAP in einer Denkschrift 1936, dokumentiert in: Opitz, Europastrategien ...,S. 669)

Die wichtigsten Luftangriffe auf Stuttgart waren:

22.11.42:	Vaihingen, Rohr, Möhringen, Hauptbahnhof 28 Tote, 71 Verwundete
11.3.43:	Vaihingen, Kaltental, südl.Stadtgebiete 112 Tote, 386 Verwundete
15.4.43 :	Bad Cannstatt, Münster, Mühlhausen 619 Tote, darunter 400 Kriegsgefangene, 703 Verwundete
6.9.43 :	erster Tagesangriff auf den Westen und die Mitte 107 Tote, 165 Verwundete
8.10.43 :	Hegelplatz, Liederhalle, Tübingerstr.,101 Tote, 300 Verwundete
21.2.44 :	Bad Cannstatt, Feuerbach, 159 Tote, 977 Verwundete
2.3.44 :	Innenstadt, Neues Schloß, Bad Cannstatt 121 Tote, 510 Verwundete
25.7./26.7./28.7./29.7.44:	Stadtzentrum, Nordbahnhofgegend,Botnang Ostheim, Gablenberg 884 Tote, 1916 Verwundete
12.9.44:	Innenstadt, Westen 957 Tote, 1600 Verwundete von 22.58 Uhr bis 23.30 Uhr = in 1/2 Stunde!
19.10./20.10.44:	Doppelangriff Bad Cannstatt, Gaisburg 338 Tote, 872 Verwundete
28.1.45 :	Doppelangriff Feuerbach, Bosch, Weilimdorf, Botnang 119 Tote, 78 Verwundete

Gräber der "Fliegeropfer" sind u.a.auf dem Hauptfriedhof Steinhaldenfeld mit einem Mahnmal, auf dem Waldfriedhof.

Der Stuttgarter Marktplatz vor dem 2. Weltkrieg.

> **Offener Brief des ehemaligen sowjetischen Zwangsarbeiters Wladimir Prichodko,** veröffentlicht in der Stgt.Zeitung am 30.6.73
>
> "Es sind weit über 30 Jahre seit jener Zeit vergangen, als die Nazis mich, damals einen fünfzehnjährigen Jungen, zusammen mit anderen Jungen und Mädchen in eure wunderschöne Stadt mit ihren herrlichen Parks und Orangerien brachten. Aber die ganze Pracht der Stadt (vor den Bombardierungen im November 1942 und später) erfasse ich erst Jahrzehnte später. Damals war es mir nicht danach. Hatte ich doch, wie alle aus dem Osten verschleppten, die Rechte eines Sklaven und dachte nur mehr an ein Stück Brot und auch daran, irgend etwas Nützliches für meine blutende Heimat zu tun. Es ist kaum zu glauben, daß ich die fürchterlichen Prügel der Lagerführer und der faschistischen Werkmeister ausgehalten habe. Es ist kaum zu glauben, daß man sich fast drei Jahre nur von gekochten Steckrüben und Spinat und einem Stückchen Brot mit Sägemehl vermischt ernähren und dabei am Leben bleiben konnte. Vielleicht wäre der Tod unvermeidlich gewesen, wenn unter den Frauen, Arbeitern, Bauern und der Intelligenz nicht wahre Deutsche gewesen wäre, die sich nicht von der moralischen Verkommenheit des Faschismus mit seiner menschenverachtenden Theorie beeinflussen ließen, die keine Angst vor den Befehlen der faschistischen Administration hatten, die jeglichen Kontakt mit den Russen verboten hatte. Und wie viele hat es gute, kluge, gutherzige Deutsche gegeben! ... Geehrte Stuttgarter! Kämpft für den Frieden und die Freundschaft, damit unsere Kinder und Enkel nie mehr den Schrecken der zerstörenden Kriege erleben. Wladimir Prichodko"

Dem ist nichts mehr hinzuzufügen. Außer vielleicht, daß es im Jahre 1989 in Westdeutschland möglich war, daß ein Mensch, der öffentlich sagt, daß Soldaten potentielle Mörder sind, angezeigt werden kann und daß der Richter, der es wagt, diesen Menschen freizusprechen, sich der geballten Schlagkraft der Parteien und fast aller Massenmedien ausgesetzt sieht.

Station:
Gewerkschaftshaus
Was tun gegen Faschismus?!

Das Gewerkschaftshaus wurde im 2. Weltkrieg zerstört. An dieser Station wollen wir die Frage aufwerfen, wie der Machtantritt des Faschismus hätte verhindert werden können. Die große Mehrheit der deutschen Arbeiter lehnte den Faschismus ab. Aufgrund der Erfahrungen des 1. Weltkriegs, der gescheiterten Novemberrevolution und der Tatsache, daß die Weimarer Republik auch nicht ihre grundlegenden Interessen vertrat, gewann der Sozialismus als Alternative immer mehr Anhänger. Das schlug sich auch in den Wahlergebnissen im November 1932 nieder: KPD und SPD zusammen hatten mehr Stimmen als die NSDAP, die 2 Millionen Stimmen verlor hatte. Es war bekannt, daß besonders die deutsche Schwerindustrie Hitler als Reichskanzler wünschte. Wie aber den Faschismus abwenden?

Die Arbeiterbewegung hatte eine historisch wichtige Erfahrung gemacht: durch die Einheitsfront - die Bürger aller weltanschaulichen Richtungen zusammenschloß - war es 1920 gelungen, durch einen Generalstreik den Putsch reaktionärer Militärs - den sog. Kapp-Putsch (3) gegen die bürgerlich-demokratische Weimarer Republik niederzuschlagen. Die Basis in den Betrieben war auch 1933 bereit, einen aktiven Kampf gegen die faschistische Gefahr zu führen.
Wie verhielten sich die Arbeiterparteien SPD und KPD, wie verhielt sich die Führung des ADGB - Allgemeiner deutscher Gewerkschaftsbund?
Die **KPD** verfolgte die Politik des Zusammenschlusses aller Arbeiter. Mit Massendemonstrationen und politischem Massenstreik sollte schnellstmöglich zum Generalstreik übergegangen werden. Alle bisherigen Streitigkeiten sollten dem gemeinsamen Kampf untergeordnet werden. Im Dezember 1932 forderten die Delegierten des Bezirksparteitags der KPD Württemberg die Mitglieder der SPD und der Gewerkschaften auf, "den gemeinsamen Kampf gegen die Durchführung der faschistischen Diktatur aufzunehmen." Die SPD- und die ADGB-Führung lehnten dies ab. Dazu schoben sie Fehler der KPD vor. In Berlin war am 1.Mai 1929 auf Befehl des SPD-Polizeipräsidenten Zörgiebel das Feuer auf eine verbotene Arbeiterdemonstration eröffnet, worden, dabei kamen 33 Menschen ums Leben. Außerdem hatten SPD-Gewerkschaftsfunktionäre in den Jahren zuvor tausende kommunistischer Arbeiter aus den Gewerkschaften ausgeschlossen. Die KPD entwickelte u. a. daraus die verhängnisvolle Sozialfaschismustheorie. Dies war eine falsche Einschätzung der SPD, nach der sowohl die zentralen Führer als auch einfache sozialdemokratische Funktionäre wie z.B. Betriebsräte als Sozialfaschisten bezeichnet wurden. Dadurch wurden vorhandene Kontakte zwischen kommunistischen und sozialdemokratischen Arbeitern zerrissen und von der eigentlichen faschistischen Gefahr abgelenkt. 1935 in der Illegalität mußte der Vorsitzende der KPD, **Wilhelm Pieck**, auf der Brüsseler Parteikonferenz selbstkritisch feststellen: "So sehr auch der Einfluß der KPD auf die Massen in dieser Zeit zunahm, so trugen doch die Fehler der Partei dazu bei, daß es ihr in jener entscheidenden Etappe nicht gelang, die einheitliche Kampffront mit den sozialdemokratischen Arbeitern herzustellen." (W. Pieck, Reden und Aufsätze, Band 1, S.399)

Stuttgart war eine Hochburg der **KPO** (Kommunistische Partei Opposition). Sie gründete sich 1928 in Abgrenzung zur KPD, weil diese unter der Losung "Ein jeder Be-

Wahlplakat der SPD zur Reichstagswahl vom 31.7.1932
Aufruf zu einer Versammlung der Eisernen Front mit dem SPD-Reichstagsabgeordneten Dr. Rudolf Breitscheid, Fraktionsführer der SPD im Reichstag.

© Hauptstaatsarchiv Stuttgart

trieb sei unsere Burg" das an die Sozialdemokratie angelehnte Organisationsprinzip auf der Grundlage der Wahlkreise abgeschafft hatte. Einer der führenden Vertreter der KPO war der spätere Bezirksleiter der Stuttgarter IG Metall, **Willi Bleicher**. Ein anderer wichtiger Politiker, **August Thalheimer**, sagte 1930, daß der Faschismus nach seinem Sieg für Jahre an der Macht bleiben werde. "Ein faschistischer Staatsstreich in Deutschland wird die selbständige Arbeiterbewegung mit Stumpf und Stiel... ausrotten" (Arbeitertribüne vom 20.9.1930) Deshalb sei auch eine weitere Spaltung der Arbeiterbewegung durch die Einheit aller sozialistischen Richtungen zu vermeiden.

Die **SPD** setzte auf legale Kampfmittel, die sich auf die Beteiligung an den Wahlen und auf Massendemonstrationen beschränkten. Am 31. Januar 1933 schrieb der "Vorwärts": "Der "Vorwärts" hat gestern vor kopflosen Parolen gewarnt. Wie recht er hatte, zeigen die Erklärungen des neuen Reichsinnenministers Frick. Die Herren erklären, sie stehen auf dem Boden der Legalität. Wir nehmen diese Erklärung ohne Vertrauen zur Kenntnis und denken nicht daran, uns vom Boden der Legalität abdrängen zu lassen." Und **Kurt Schumacher** sagte auf einer Massenkundgebung der sozialdemokratischen "Eisernen Front" auf dem Stuttgarter Marktplatz am 1. Februar 1933: "Wenn die Gegenrevolution zu ihrem großen Staatsschlag ausholt, dann müssen wir mit dem gewaltigsten Gegenschlag antworten. Letzte Mittel wie der Generalstreik müssen vom Erfolg begleitet sein, wenn sie nicht die Arbeiterklasse zerstören sollen. Man darf sie weder totquatschen noch verzetteln und sie dadurch ihrer Wucht berauben."(W.Bohn, Stuttgart geheim, S.16) Von da an verlagerte die SPD ihre Hauptaktivität auf den Wahlkampf zur Reichstagswahl am 5.März 33, die schon keine freie Wahl mehr war.
Nur wäre an diesem Tag der Generalstreik das einzige letzte Mittel gewesen, um den Machtantritt der Faschisten zu verhindern. Die SPD gab den Arbeitern den Rat, sich ruhig zu verhalten und auf den parlamentarischen Weg zu vertrauen.Doch jedem politisch informierten Menschen, der Hitlers "Mein Kampf" gelesen hatte, mußte klar sein, daß die Nazis ihre Ziele mit Gewalt durchsetzen werden.

Und der **ADGB** rief am 30. Januar seine Mitglieder auf: "Um Angriffe gegen die Verfassung und Volksrechte im Ernstfalle wirksam abzuwehren, ist kühles Blut und Besonnenheit erstes Gebot. Laßt Euch nicht zu voreiligen und darum schädlichen Einzelreaktionen verleiten!...Organisation nicht Demonstration, das ist das Gebot der Stunde" (aus: Feuerbacher Zeitung vom 31.Januar 1933).

Diese Beschwichtigungspolitik führte zur Verwirrung und Spaltung unter den Arbeitern. Dennoch gab es viele Arbeiter, die sich an den erfolgreichen Kampf gegen den Kapp-Putsch erinnerten und den Generalstreik forderten. Bei Bosch in Feuerbach gelang es, das Trennende zwischen den Arbeiterparteien hintenanzustellen und einen Streik und eine Demonstration am 28.Januar 1933 gegen den drohenden Machtantritt Hitlers zu organisieren. Mit 8 -10 000 Arbeitern aus den Feuerbacher Betrieben gab es eine eindrucksvolle Demonstration, bei der die Arbeiter ihre antifaschistische Einstellung und Kampfbereitschaft ausdrückten. An zahlreichen Orten wurden Waffenlager angelegt. Viele warteten auf ein Zeichen zum Losschlagen. In der Nacht zum 31. Januar lagen ca 2000 Reichsbannerleute (4) mit Kleinkalibergewehren bewaffnet in den Wäldern von Stuttgart in Wartestellung (Vergl. "Mit uns für die Freiheit" 100 Jahre SPD in Stuttgart, S.94) Aber die SPD-Führung unterschätzte den Faschismus, glaubte, er werde sich bald von selbst erledigen und ging

Massenstreik!
Hitler Reichskanzler!

Der Reichspräsident Hindenburg, der Präsidentschaftskandidat der SPD.-, Reichsbanner- und Gewerkschaftsführer, hat seinen „Gegner" Adolf Hitler zum Reichskanzler ernannt. Hitler hat eine Regierung der faschistischen Konterrevolution gebildet.

Diese Regierung wird mit allen Mitteln des faschistischen Terrors unter Einsatz der SA.-Mordkolonnen und des Stahlhelm versuchen, den Widerstand der Arbeiterklasse zu brechen und den Weg der offenen faschistischen Diktatur zur Rettung des bankrotten Kapitalismus gehen

Die Grundlage der Einigung zwischen Nazis, Deutschnationalen und Stahlhelm ist: Ausnahmezustand und Verbot der Kommunistischen Partei und der revolutionären Massenorganisationen. Der Führer im Freiheitskampf der Werktätigen soll brutal und rücksichtslos zertreten werden.

Die Kommunistische Partei ruft die Arbeiterklasse, die Angestellten und Beamten, die Mittelständler, Kleinbauern zur machtvollen Entfaltung der Antifaschistischen Aktion, zum entschlossenen Widerstand. Noch dringender, mahnender, der ganzen ungeheuerlichen Reichweite der kommenden Ereignisse für das weitere Schicksal des deutschen Proletariats bewußt, wiederholen die Kommunistische Partei und die RGO. ihr schon am 20. Juli vorigen Jahres gemachtes Einheitsfrontangebot an die sozialdemokratischen und freigewerkschaftlichen Arbeiter und unteren Organisationen, an die parteilosen und christlichen Arbeiter zum gemeinsamen und entschlossenen Handeln gegen die faschistische Reaktion und ihre staatsstreichlerischen Pläne. Wir rufen die Belegschaften der Betriebe zum Massenstreik heraus, die gewaltige Offensivkraft der Betriebe zu verbinden mit den Massenkämpfen der millionenfachen Erwerbslosenarmee.

Ihr SPD.-Arbeiter und Klassengenossen in den Gewerkschaftsverbänden, ihr unteren Organisationen der SPD. und des ADGB, in den Betrieben, in den Verbänden, in den Arbeitervierteln, in den Stadtteilen und Ortsverwaltungen! Wir sind bereit, Schulter an Schulter im engsten Klassenbündnis mit euch allen den drohenden Schlag des Faschismus durch den kühnen Gegenschlag mit der Waffe des Massenstreiks zu beantworten.

Wir schlagen euch vor: Tretet sofort noch vor Arbeitsbeginn oder während der Arbeitszeit in den Betrieben zusammen und wählt eure vorbereitenden Kampfausschüsse. Beschließt den sofortigen Streik, beantwortet alle faschistischen Angriffe unverzüglich mit der Massenkraft eurer proletarischen Kampfeseinheit.

Es muß verhindert werden, daß ein neuer 20. Juli die Arbeiterschaft ereile. Es muß verhindert werden, daß der Faschismus über eine zersplitterte Arbeiterfront der Ohnmacht der Kapitulation, der Flucht vor dem Kampfe triumphiere. Das Proletariat ist riesenstark! Die Einheit des Proletariats ist unüberwindlich, wenn sie das Banner des Kampfes erhebt! Darum auf die Posten! Das Proletariat will nicht Schleicher, noch Brüning, noch Papen und Hitler! Es will die Befreiung seiner Klasse, die Arbeiter- und Bauernrepublik, den Sozialismus!

Rüstet zur Einheitskonferenz

der in den Betrieben gewählten Delegierten und Kampfausschüsse Stuttgarts, gemeinsam mit den Vertretern der Erwerbslosen, um gemeinsame Kampfbeschlüsse zu fassen.

Wählt heute in allen Betrieben, in allen Abteilungen die Einheitsausschüsse der Antifaschistischen Aktion! Formiert den antifaschistischen Massenschutz!

Ihr millionenstarken Bataillone der Antifaschistischen Aktion heraus zum Massenangriff!

Wählt Kampfausschüsse!
Entfacht Massenaktionen und Streiks gegen die faschistische Konterrevolution!
Vorwärts in einheitlicher Front!
Verteidigt eure Kommunistische Partei!
Die Kommunistische Partei ruft die werktätigen Massen zum entschlossensten und kühnsten Widerstand!

KPD., Bez. Württemberg

Verantwortlich: Albert Buchmann, MdR. — Druck: Druckerei-AG., Stuttgart

Das Streikflugblatt der württembergischen KPD vom 30. 1. 1933

auf die dringenden Aufforderungen seitens der KPD und Teilen ihrer eigenen Basis, gemeinsam zu handeln, nicht ein. Weil es keine organisierte Einheit der Arbeiter gab, kam es am Abend nur zu Demonstrationen im ganzen Reichsgebiet, bei denen sich die Polizei in Stuttgart zurückhielt. Immerhin haben in Stuttgart Straßenbahner am Morgen des 31.1. ihr Depot blockiert, wurden aber von der Polizei bald vertrieben. So kam es nur in Mössingen, einem textilverarbeitenden Städtchen in Südwürttemberg, am 31.Januar 33 zum Generalstreik, der von der Polizei niedergeschlagen wurde.

Die Terrorherrschaft hatte begonnen. In den ersten Februartagen wurden Demonstrationen der KPD in mehreren Ländern des Reiches verboten, dann wurden generell die Bestimmungen für das Versammlungs- und Demonstrationsverbot verschärft, die Presse der KPD wurde verboten, ihre Druckereien wurden geschlossen. Aber noch am 24.Februar wurde auf einer Stuttgarter Wahlversammlung der Eisernen Front für die SPD ein Redner der KPD nicht zugelassen, der den Teilnehmern die Notwendigkeit einer Einheitsfront gegen Hitler hatte erläutern wollen (Vergl. W.Bohn, Stuttgart geheim, S.27).Am 27.Februar brannte der Reichstag, die Nazis behaupteten, dies sei das Signal für den kommunistischen Aufstand gewesen und noch in der gleichen Nacht wurden in ganz Deutschland nach vorbereiteten Listen 10 000 Antifaschisten - Kommunisten, Sozialdemokraten und andere aufrechte Demokraten - verhaftet. Am 3.März wurde **Ernst Thälmann** verhaftet. Am 21.6.1933 wurde die SPD verboten, mit Verhaftungen, Prozessen und Verurteilungen einer großen Anzahl sozialdemokratischer Funktionäre. Selbst der freiwillige Austritt aus der Sozialistischen Internationale durch die SPD-Führung konnte die rigorose Gleichschaltung nicht aufheben. "Wer seinen Feinden vertraut, der kommt in ihren Armen um" heißt es. Erst im KZ und in anderen NS-Lagern wurde die so notwendige Arbeitereinheit wieder hergestellt. Doch da war es zu spät. Das führende SPD-Mitglied **Rudolf Breitscheid** und der KPD-Vorsitzende **Ernst Thälmann** kamen beide im KZ Buchenwald ums Leben, Breitscheid bei einem Luftangriff, Thälmann wurde ermordet. Heute haben wir in Stuttgart zwar eine Breitscheidstraße , doch die seit 1946 bezeichnete Thälmann-Straße wurde 1952 auf Beschluß des Gemeinderats in "Lange Straße" umbenannt.

Ein trauriges Kapitel schrieb die ADGB-Spitze. Sie lieferte die Gewerkschaftsorganisation kampflos der neuen Bewegung aus. Hervorgetan hat sich dabei besonders Theodor Leipart, ADGB-Vorsitzender und ehemaliger Stuttgarter Gewerkschaftssekretär. Am 9. April erklärte sich der ADGB-Vorstand "bereit", die Gewerkschaften "in den Dienst des neuen Staates zu stellen"(aus: Mai-Aufruf des DGB Stuttgart 1983, von Michael Schwemmle). Am 10. April funktionierten die Nazis den 1.Mai, der bisher international als Kampftag der Arbeiterklasse galt, in einen "Tag der nationalen Arbeit" um. Selbst hier war sich der ADGB-Bundesausschuß nicht zu schäbig, dies zu begrüßen. Doch die Nazis dankten den Gewerkschaftsführern ihre Unterwürfigkeit nicht. Einen Tag nach dem "Tag der deutschen Arbeit" stürmten sie die Gewerkschaftshäuser, auch dieses hier in Stuttgart, und zerschlugen die Gewerkschaften. Viele Gewerkschaftsfunktionäre wurden verhaftet.

Karl Molt, ehemaliger Bezirksleiter der Gewerkschaft der Eisenbahner und Gauleiter des Reichsbanners Württemberg soll hier als einer der vielen Gewerkschafter erwähnt werden, die unbeugsam blieben. Er kämpfte vor und nach 33 um den Zusammenhalt der antifaschistischen Gewerkschafter und unterstützte ihren Kampf nach seiner Flucht in die Schweiz von dort aus. Molt wurde aus der Eisenbahnergewerkschaft entlassen, weil er sich dem Faschismus nicht beugte. Auf seinen Wunsch hin wurde in seiner Entlassungsurkunde vermerkt: "Entlassen, weil er es ablehnt, den Weg der nationalen Erneuerung mitzumachen." (W.Bohn, Stuttgart geheim, S. 105)

Gerade in den Betrieben und Gewerkschaften drängten die Arbeiter nach 1945 darauf, die Lehren aus der verhängnisvollen Spaltung der Werktätigen zu ziehen. Überall wurde die Zusammenarbeit von SPD und KPD gefordert, eine Tatsache, die in den heutigen Geschichtsbüchern verschwiegen wird. Als ein Beispiel für Resolutionen, die z.T. einstimmig von den Belegschaften zahlreicher Stuttgarter Betriebe beschlossen wurden, hier eine Resolution der Betriebsversammlung der Belegschaft der Norma, heute SKF in Bad Cannstatt:
"Die am 12.2.1946 versammelte Belegschaft der Vereinigten Kugellagerfabriken.... fordert, daß der Kampf gegen Reaktion, Militarismus und Nationalsozialismus konsequent zu Ende geführt wird. Eine der entscheidenden Ursachen, die zum 30.Januar 1933 und damit zur größten Katastrophe des deutschen Volkes führte, war die gewerkschaftliche und politische Zersplitterung der deutschen Arbeiterschaft. Die Arbeiter und Angestellten der Vereinigten Kugellagerfabriken...erblicken deshalb in dem Zusammenschluß der beiden politischen Parteien KPD und SPD die Garantie zur Schaffung einer wahrhaften, echten Demokratie und zum Sozialismus." (Das neue Wort, Heft 4, 1946, Stuttgart)

Wie weit von diesen Lehren entfernt sind wir heute, wenn innergewerkschaftliche Kritiker und Kommunisten wieder aus einigen Gewerkschaften ausgeschlossen bzw. mit Ausschlüssen bedroht werden. Über den gewerkschaftlichen Kampf hinaus, wo die Einheitsgewerkschaft inzwischen als eine selbstverständliche Errungenschaft gilt, müssen im antifaschistischen Kampf die unterschiedlichen weltanschaulichen Positionen um der Sache willen zurückgestellt werden. Diese Lehre gilt auch in allen anderen Bereichen, wenn es darum geht, sich für das so vielfältig bedrohte Leben der Menschen einzusetzen, in der Frage von Krieg und Frieden, wie beim Kampf für den Schutz der natürlichen Lebensgrundlagen und um umfassende politisch-demokratische Rechte. Das bedeutet auch, sich bewußt dafür einzusetzen, eine demokratische Kultur der inhaltlichen, sachlichen Auseinandersetzung zu entwickeln und zu pflegen. Um miteinander reden zu können, muß man sich auch gegenseitig zuhören, sich ernst nehmen und bei allen unterschiedlichen Auffassungen die Einheit , das Verbindende erkennen und stärken. Ebenso ist es eine wesentliche Lehre für uns nachgeborene Demokraten und Antifaschisten, generell auf dem Recht auf Widerstand zu bestehen und die demokratischen Rechte und Freiheiten praktisch zu nutzen und auszubauen. Dazu gehört besonders ein Recht, gegen reaktionäre Maßnahmen der Regierung, z.B. gegen den Abbau demokratischer Rechte (Notstandsgesetze!) oder gegen die Atombewaffnung Widerstand leisten zu können: Also ein Widerstands- und ein politisches Streikrecht. Beides gibt es in der Bundesrepublik nur äußerst eingeschränkt (5). Und worin man sich täglich üben kann: lernen, nein zu sagen, sich nicht aus Bequemlichkeit anzupassen, sondern: sich selbst einen Standpunkt verschaffen, Unrecht erkennen und nicht hinnehmen.

Station:
Mahnmal für die Opfer des Faschismus

Altes Schloß, Karlsplatz

Hier sind wir am Endpunkt unserer Stadtrundfahrt angelangt. Dieses Mahnmal für die Opfer des Faschismus wurde am 8.11.1970 eingeweiht. Das bedeutet, es hat mehr als 25 Jahre gedauert, bis die Stadt Stuttgart so weit war, die Opfer zu ehren und für die Nachgeborenen ein Zeichen zu setzen. Immer noch viele Stuttgarter kennen dieses Zeichen nicht, und viele gehen achtlos an diesen schweren Klötzen vorbei. Jeder von uns kann sich selbst mit dieser harten, einfachen Form auseinandersetzen.

Auf der Gedenktafel steht ein Text von Ernst Bloch:

1933 - 1945

Verfemt - verstoßen - gemartert

erschlagen - erhängt - vergast

Millionen Opfer der nationalsozialistischen

Gewaltherrschaft beschwören dich:

Niemals wieder!

Hier wird jeder einzelne gemahnt, persönlich Konsequenzen zu ziehen. Diese können sich eben aus der Erfahrung mit dieser schrecklichen Zeit gerade nicht nur auf das private Leben, die eigenen vier Wände beschränken. Sie verlangen, daß jeder von uns auch gesellschaftliche Konsequenzen zieht. Wir haben einen eigenen Kopf, um die Erfahrungen aus der Geschichte auf unsere heutige Zeit und Gesellschaft anzuwenden. Trotz weltanschaulicher Gegensätze muß die Aktionseinheit gegen jede Form der Unterdrückung, gegen Faschismus und Krieg zustande kommen.

Anmerkungen:

(1) Die **Nürnberger Prozesse**: Von 1945 - 49 wurden NS-Kriegsverbrechen und Verbrechen gegen die Menschlichkeit in mehreren Gerichtsverfahren von einem internationalen Militärgerichtshof bzw. von amerikanischen Militärgerichten geahndet. In einem Hauptprozeß erhob das Militärgericht Anklage gegen 22 sog. "Hauptkriegsverbrecher". Nach ca. 11 Monaten wurden am 1. Oktpber 1946 12 Todesurteile gesprochen und am 15. Oktober durch Erhängen vollstreckt. H. Göring entzog sich durch Selbstmord seiner Strafe, und M. Bormann wurde in Abwesenheit verurteilt. Gegen acht Angeklagte wurden Haftstrafen zwischen 10 Jahren und lebenslänglich verhängt, drei Freisprüche wurden ausgesprochen. Die Schutzstaffel (SS), der Sicherheitsdienst (SD), die Geheime Staatspolizei (Gestapo) sowie Führerkorps der NSDAP wurden als "verbrecherische Organisationen" verurteilt. In 12 Nachfolgeprozessen standen 177 Einzelpersonen aus wirtschaftlichen, politischen und militärischen Führungsbereichen vor den Schranken amerikanischer Miltiärgerichte. Sie mußten sich der Anklage stellen u.a. wegen medizinischer Versuche an KZ-Häftlingen und Kriegsgefangenen, rechtwidriger Verfolgung von Juden und NS-Gegnern, der Verwaltung von KZs, Beschäftigung ausländischer Zwangsarbeiter und KZ-Häftlinge in der Industrie und wegen SS-Mordaktionen. Von 24 Todesurteilen wurden 12 vollstreckt, 35 Angeklagte wurden freigesprochen. Alle verhängten Haftstrafen wurden bis 1956 aufgehoben. Dieser Umstand hängt nicht zuletzt mit einem gewandelten Feindbild der West-Alliierten im Kalten Krieg zusammen. Wirtschaft, Politik, Justiz, Geheimdienste und Militär in der neuen Bundesrepublik konnten so manchen nach kurzer "Sühne" in einflußreicher Stellung wieder brauchen.

(2) **Hans Hermann Rudolf Walz** * 21. März 1883 in Stuttgart. Ab 1934 Betriebsführer der Robert Bosch GmbH. Mitglied des Aufsichtsrats der Dresdner Bank sowie anderer Banken und Versicherungen. Er stellt eine sehr schillernde Persönlichkeit dar, die - aus persönlichen Motiven oder zum Wohle ihres Unternehmens - auf zwei Schultern trug. Sein Name findet sich unter den Mitgliedern der NSDAP Nr. 3433104 (Eintritt 1. Mai 1933). Seit 1938 mit der Nr. 155369 auch Mitglied der SS. Zuletzt im Rang eines Hauptsturmführers. Auch der "Freundeskreis des Reichsführers SS, Heinrich Himmler" führt den Namen des Direktors und Geschäftsführers der Firma Bosch in seiner Mitgliederliste auf. Im Zusammenhang mit seiner Verhaftung tauchen nach 1945 Dokumente auf, die auf Mißstimmigkeiten zwischen der Leitung des Freundeskreises und H.W. schließen lassen.Häufiges Nichterscheinen wird ihm vorgeworfen. Ein Hintergrund für derartige Differenzen mag auch in der anfänglichen Ablehnung der Blitzkriegsstrategie seitens der Firma Bosch zu suchen sein. Unter Vermeidung eines Zweifrontenkrieges wurde eher auf eine Zusammenarbeit mit den Westmächten gegen die Sowjetunion gesetzt. Diese Option war innerhalb der Reichsindustrie umstritten und gewann erst nach den entscheidenden Niederlagen des Rußland-Feldzuges 1943 an Boden in Industrie und Militär. Dies macht verständlich, weshalb der Name H.W. im zusammenhang mit der Goerdeler-Gruppe auftaucht. Zwischen deren konservativ-autoritären Vorstellungen für ein Deutschland nach Hitler und den Bosch-Zielen finden sich auffällige Parallelen. Er erhält 1969 von Israel die höchste Auszeichnung, die an Nichtjuden vergeben wird, und darf den Titel "Gerechter der Völker" der israelischen Gedenkstätte Yad Vashem tragen. Unbemerkt von der Gestapo und im Einverständnis mit Robert Bosch war es ihm gelungen, den

Betrag von 1,2 Mio RM für die Auswanderung von Stuttgarter Juden an einen jüdischen "Sonderfond" zu überweisen.

(3) Der **Kapp-Putsch**: vom 13. - 17.März 1920 dauernder Putschversuch gegen die Reichsregierung in Berlin. durch Generallandschaftsdirektor Wolfgang Kapp und General v. Lüttwitz. Als Truppen unter v. Lüttwitz das Regierungsviertel besetzen, flieht die Reichsregierung nach Stuttgart und Dresden. Der Putsch scheitert infolge eines Generalstreiks, an dem sich sogar große Teile des öffentlichen Dienstes beteiligen. Aufgerufen dazu hatten Gewerkschafter, SPD, KPD und USPD. Im Ruhrgebiet bildet sich spontan als Antwort auf den Putsch die Rote Ruhrarmee von fast 100 000 Mann. Parteilose, SPD- und KPD-Mitglieder kontrollieren faktisch das Ruhrgebiet.

(4) **Reichsbanner** Schwarz-Rot-Gold war ein politischer Kampfverband zum Schutz gegen gewaltsame faschistische Übergriffe. Seine Mitgliederzahl betrug maximal rund 3 Millionen, vor allem SPD-Anhänger. Das öffentliche Auftreten erfolgte meist paramilitärisch uniformiert und im Verband. 1931 Mitbegründer der **Eisernen Front** (SPD, freie Gewerkschaften, Arbeitersportvereine und Reichsbanner) gegen die faschistische Sammlung der Harzburger Front. Der Rote Frontkämpferbund der KPD war eine Schutz- und Wehrorganisation mit 1927 über 110 000 Mitgliedern. Obwohl 1929 verboten, setzte er unter seinem Vorsitzenden Ernst Thälmann den Kampf in der Illegalität bis zur Zerschlagung 1933 fort.

(5) Es ist fast nur in Fachkreisen bekannt, daß die parlamentarisch repräsentative Demokratie in ihrer heutigen Form ein **politisches Streikrecht** verbietet und nur ein auf Tariffragen eingeschränktes zuläßt: Die Begründungslinie: Mit dem Kreuz auf dem Stimmzettel gibt der Bürger für vier Jahre seine "Stimme" an das Parlament ab. "Seine Stimme abgeben" bekommt hier seinen eigentlichen Sinn.Dieses gewählte Parlament ist dann das Volk, seine Repräsentanz. Streiks oder Demonstrationen gegen von diesem Parlament - dem repräsentativen StaatsVOLK - gefaßte Beschlüsse, seien es Gesetze zur Einschränkung demokratischer Rechte, Steuererhöhungen oder Aufrüstungsbeschlüsse, richtet sich damit gegen das VOLK und sind gesetzeswidrig.So können Widerstandsaktionen nach § 105 StGB zur "Nötigung von Verfassungsorganen" oder nach § 106 StGB zur "Nötigung des Bundespräsidenten und von Mitgliedern eines Verfassungsorganes" erklärt und mit Freiheitsstrafen bis zu 10 Jahren belegt werden. Bei Maunz-Dürig-Herzog heißt es: "Jedenfalls rechtswidrig sind Arbeitskämpfe, deren Zielsetzung oder deren Durchführung außerhalb des Koalitionszweckes liegen. In diesem Sinne ergeben sich aus verfassungsrechtlicher Sicht Schranken, vor allem für den politischen Arbeitskampf, den amtswidrigen Arbeitskampf (Beamtenstreik, Streik im öffentlichen Dienst)...."(Lfg.17, August 1979, §9, S.175) "Kein verfassungsrechtlicher Schutz gilt für den politischen sowie den amtswidrigen Streik...Ebensowenig genießt der "wilde Streik", d.h. der nicht von einer Gewerkschaft organisierte, bzw. geführte Streik, grundrechtlichen Schutz."(ebda.S.177) Die Akzeptanz dieser Rechtslage führt bei vielen Gewerkschaftsvorständen dazu, daß sie auf Streikmaßnahmen, z.B. 1981 gegen die Raketenstationierung, von vornherein verzichteten oder mit dem Argument: Hättet ihr anders gewählt ! auffordern, diese Spielregeln einzuhalten. So bekamen 1986 bei der Auseinandersetzung um den § 116 AFG in Stuttgart Gewerkschaftsmitglieder von ihren Unternehmern Abmahnungen, weil sie während der Arbeitszeit dem Ruf des DGB zur Protestdemo gefolgt waren. Sie wollten nun mit

Hilfe des DGB diese Abmahnungen wegklagen. Der Rechtsschutz wurde mit der Begründung verweigert, eine Klage sei aussichtslos, weil es eine politische Aktion gewesen sei, die vom Arbeitskampfrecht nicht gedeckt sei. Allzuoft wird vergessen, daß in der Hinterhand die Notstandsgesetze bereitliegen, als Teil der Verfassung, die es dem Staat erlauben, bei Ausrufung des äußeren oder inneren Notstandes jeden Streik zu verbieten (s.dazu E.Benda :"Die Notstandsverfassung", 1968, S.97).

Anhang

Hinrichtungen in Stuttgart aus politischen Gründen

In der Zeit vom 26. 3. 1942 bis 11. 9. 1944 wurden in Stuttgart

289 Todesurteile

gefällt. In 17 Fällen erfolgte die Begnadigung.

In 223 Fällen handelt es sich dabei um Todesurteile, die aus politischen Gründen gefällt wurden. Die Straftaten sind folgende:

- 82 Fälle der Vorbereitung zum Hochverrat, Hochverrat und Landesverrat
- 61 Fälle eines Verbrechens gegen das Volksschädlingsgesetz
- 51 Fälle der Fahnenflucht
- 11 Fälle wegen Zugehörigkeit zu Freischärlern
- 8 Fälle der Wehrkraftzersetzung
- 4 Fälle von Kriegsverbrechern
- 2 Fälle von Feindbegünstigung
- 2 Fälle des unerlaubten Verkehrs mit Kriegsgefangenen
- 1 Fall wegen Heimtückegesetz u. a.
- 1 Fall wegen Selbstverstümmelung
- 13 Polen wurden verurteilt auf Grund der Nazi-Polengesetzgebung

Straßennamen in Stuttgart, die nach Widerstandskämpfern und -Opfern benannt wurden:

Straßenname	Stadtteil	Benennungsjahr	benannt nach
Anne-Frank-Weg	Fasanenhof	1960	Anne Frank (1929–1945) umgekommen im Konzentrationslager Bergen-Belsen
Bolzstraße	Mitte	1945	Dr. Eugen Bolz (1881–1945), letzter württ. Staatspräsident, hingerichtet
Bonhoefferweg	Fasanenhof	1960	Dietrich Bonhoeffer (1906–1945), evang. Theologe und Klaus Bonhoeffer (1901–1945), Rechtsanwalt, beide ermordet
Breitscheidstraße	Mitte u. West	1946	Dr. Rudolf Breitscheid (1874–1944) SPD-Reichstagsabgeordneter, kam bei einem Luftangriff auf das KZ Buchenwald ums Leben.
Clara-Zetkin-Straße	Sillenbuch	1946	Clara Zetkin (1857–1933) KPD-Reichstagsabgeordnete, verstarb in der Sowjetunion.
Delpweg	Fasanenhof	1960	Alfred Delp (1907–1945), kath. Theologe hingerichtet.
Eisestraße	Möhringen	1946	Albert Eise (1896–1942), kath. Ordensgeistlicher, verstarb im KZ Dachau
Emil-Gärttner-Str.	Obertürkheim	1946	Emil Gärttner (1896–1944), Arbeiter, hingerichtet im KZ Dachau
Fritz-Elsas-Straße	Mitte u. West	1946	Dr. Fritz Elsas (1890–1945), Rechtsrat, Vizepräsident d. Deutschen Städtetages, ermordet
Geschwister-Scholl-Straße	Mitte	1946	Hans Scholl (1918–1943) und Sophie Scholl (1922–1943), Studenten, hingerichtet
Goerdelerstraße	Mitte	1945	Dr. Karl Friedrich Goerdeler (1884–1945), Oberbürgermeister von Leipzig, hingerichtet
Graf-von-Galen-Str.	Fasanenhof	1960	Kardinal Clemens August Graf von Galen (1878–1946), Bischof von Münster, verstorben
Heilmannstraße	Ost u. Mitte	1946	Ernst Heilmann (1881–1940), SPD-Reichstagsabgeordneter, im KZ Buchenwald ermordet
Heinrich-Baumann-Str.	Ost	1946	Heinrich Baumann (1883–1945) Stuttgarter Gemeinderat, umgekommen im KZ Dachau
Huberstraße	Mitte	1954	Dr. Kurt Huber (1893–1943) Univ. Prof., hingerichtet
Kreisauer Weg	Fasanenhof	1960	Nach dem Kreisauer Kreis einer antinationalsozialistischen politischen Gruppe, der Vertreter beider Konfessionen, Sozialdemokraten und Konservative angehörten
Kurt-Schumacher-Str.	Fasanenhof	1960	Dr. Kurt Schumacher (1895–1952), SPD-Vorsitzender in Württemberg, Redakteur der »Schwäb. Tagwacht«, Stuttgart
Leuschnerstraße	Mitte u. West	1946	Wilhelm Leuschner (1890–1944), hess. Innenminister, Gewerkschaftsführer, hingerichtet
Lilo-Herrmann-Weg	Fasanenhof	1971	Liselotte Herrmann (1909–1938) Studentin, hingerichtet
Ossietzkystraße	Mitte	1946	Carl v. Ossietzky (1889–1938), Schriftsteller, Friedens-Nobelpreisträger 1936, gestorben
Otto-Hirsch-Brücken	Hedelfingen	1958	Dr. Otto Hirsch (1885–1941), Ministerialrat, Vorstandsmitglied der Neckar AG, verstarb im KZ Mauthausen
Schlotterbeckstraße	Untertürkheim	1946	Nach der Familie Schlotterbeck, von der vier Mitglieder hingerichtet wurden: Gotthilf Schlotterbeck (1880–1944) Mechaniker Anna Maria Schlotterbeck (1885–1944), Hausfrau Gertrud Lutz, geb. Schlotterbeck (1910–1944) Kontoristin Hermann Schlotterbeck (1919–1945) Mechaniker
Sprollstraße	Degerloch	1951	Dr. Johannes Baptista Sproll (1870–1949), Bischof von Rottenburg, aus der Diözese verbannt
Stauffenbergstr.	Mitte	1945	Claus Graf Schenk v. Stauffenberg (1907–1944), Oberst i. G., hingerichtet
Theophil-Wurm-Str.	Fasanenhof	1960	Dr. Theophil Wurm (1868–1953), evang. Landesbischof von Württemberg, einer der Wortführer der »Bekennenden Kirche«

Thälmann-Straße
Auf Beschluß des Gemeinderates vom 5. 11. 1946 Umbenennung der Langestraße nach dem im August 1944 im KZ Buchenwald ermordeten Vorsitzenden der KPD Ernst Thälmann.
Als Folge des Kalten Krieges im Februar 1952 mit 27 gegen 26 Stimmen wieder in Langestraße umbenannt.

Brief einer unbekannten Jüdin:
Tarnopol, den 7. April 1943

Meine Teuren!
Bevor ich von dieser Welt gehe, will ich Euch, meine Liebsten, einige Zeilen hinterlassen. Wenn Euch einmal dieses Schreiben erreichen wird, sind ich und wir alle nicht mehr da. Unser Ende naht. Man spürt es, man weiß es. Wir sind alle, genauso wie die schon hingerichteten und unschuldigen, wehrlosen Juden, zum Tode verurteilt. Der kleine Rest, der vom Massenmorden noch zurückgeblieben ist, kommt in der allernächsten Zeit an die Reihe. Es gibt für uns keinen Ausweg, diesem grauenvollen, fürchterlichen Tode zu entrinnen. Gleich am Aafang (im Juni 1941) wurden ca. 5000 Männer umgebracht, darunter auch mein Mann. Nach sechs Wochen habe ich nach fünf Tagen langen Herumsuchens unter den Leichen ... auch seine gefunden. Seit diesem Tage hat das Leben für mich aufgehört. Ich habe mir einst selbst in meinen Mädchenträumen keinen besseren und treueren Lebensgefährten wünschen können. Es waren mir nur zwei Jahre und zwei Monate vergönnt, glücklich zu sein. Und nun? Müde vom vielen Leichensuchen, war man "froh", auch seine gefunden zu haben, kann man diese Qualen in Worte kleiden? ...Inzwischen kamen die alltäglichen Sorgen und der weitere schwere Kampf ums blöde, ums sinnlos gewordene Dasein. Man mußte wieder übersiedeln, das Getto wurde zum anderen Male verkleinert. Denn die Wohnungen der Ermordeten waren doch nun frei geworden. Und - man lebte weiter. ... Mit der Zeit gewöhnt man sich an die Verhältnisse. Man wird so abgestumpft. Wenn man von den Allernächsten jemand verlor, reagierte man kaum mehr. Man weinte nicht, man war kein Mensch mehr, ganz aus Stein, ganz ohne Gefühl. Keine Nachricht machte Eindruck. Man ging sogar schon ganz ruhig zum Sterben. Die Leute auf dem Platz waren gleichgültig und ruhig.

26. April 1943
Ich lebe noch immer und will Euch noch schildern, was vom 7. bis zum heutigen Tag geschehen ist. Also es heißt, daß alle jetzt an die Reihe kommen. Galizien soll vollständig judenfrei gemacht werden. In den letzten Tagen sind wieder Tausende erschossen worden. Bei uns im Lager war Sammelpunkt. Dort wurden die Menschenopfer sortiert. In Petrikow schaut es so aus: Vor dem Grabe wird man ganz nackt entkleidet, muß niederknien und wartet auf den Schuß. Angestellt stehen die Opfer und warten, bis sie dran sind. Dabei müssen sie die ersten, die Erschossenen, in den Gräbern sortieren, damit der Platz gut ausgenutzt und in Ordnung ist. Die ganze Prozedur dauert nicht lange. In einer halben Stunde sind die Kleider der Erschossenen wieder im Lager. Nach den Aktionen hat der Judenrat eine Rechnung von 50 000 Zloty für verbrauchte Kugeln bekommen, die zu bezahlen waren... Warum können wir nicht schreien, warum können wir uns nicht wehren? Wie kann man so viel unschuldiges Blut fließen sehen und sagt nichts, tut nichts und wartet selber auf den gleichen Tod? So elend, so erbarmungslos müssen wir zugrunde gehen. Glaubt Ihr, wir wollen so enden, so sterben? Nein! Nein! Wir wollen nicht! Trotz aller dieser Erlebnisse. Der Selbsterhaltungstrieb ist jetzt oft größer, der Wille zum Leben stärker geworden, je näher der Tod ist. Es ist nicht zu begreifen. ... Es ist nicht leicht, Abschied für immer zu nehmen. Lebt wohl, lebt wohl...

(aus: "Erkämpft das Menschenrecht" - letzte Briefe aus Konzentrationslagern, Düsseldorf 1988, S. 80 ff)

Erich Fried: Die Abnehmer

Einer nimmt uns das Denken ab
Es genügt
seine Schriften zu lesen
und manchmal dabei zu nicken

Einer nimmt uns das Fühlen ab
Seine Gedichte
erhalten Preise
und werden häufig zitiert

Einer nimmt uns
die großen Entscheidungen ab
über Krieg und Frieden
Wir wählen ihn immer wieder

Wir müssen nur
auf zehn bis zwölf Namen schwören
Das ganze Leben
nehmen sie uns dann ab

Bertolt Brecht:
Wer zu Hause bleibt, wenn der Kampf beginnt
Und läßt andere kämpfen für seine Sache
Der muß sich vorsehen: denn
Wer den Kampf nicht geteilt hat
Der wird teilen die Niederlage.
Nicht einmal den Kampf vermeidet
Wer den Kampf vermeiden will: denn
Es wird kämpfen für die Sache des Feinds
Wer für seine eigene Sache nicht gekämpft hat.

Dokument zur Auseinandersetzung in der Gewerkschaftsbewegung zum Kampf gegen Faschismus (aus: Schwemmler: Vor Sonnenuntergang)
81. August 1930:
Die Stuttgarter Delegation beim 19. DMV.-Verbandstag in Berlin
81a. Anträge der Stuttgarter Delegation, 18.-23. August 1930

Zum Geschäftsbericht des Vorstands:
Der 19. Verbandstag sieht sich vor eine Situation gestellt, in der das Kapital einen umfassenden Angriff auf die Löhne und die Sozialpolitik durchführt und so die Früchte jahrelanger, opferreicher gewerkschaftlicher Kämpfe zunichte macht. Dieser Angriff ist um so folgenschwerer, da die Bourgeoisie parallel damit die politischen Rechte der Werktätigen bedroht und sie bereits durch die Ausschaltung des Parlaments und die Diktatur-Notverordnungen zum Teil aufgehoben hat.

Für diese Lage ist die im Wesen falsche Politik und Taktik der Leitung des ADGB. und des DMV. im weitesten Umfang mit verantwortlich. Sie hat durch die Unterstützung der Koalitionspolitik und die prinzipielle Bejahung des heutigen kapitalistischen Staates, durch den daraus resultierenden Verzicht auf den außerparlamentarischen Einsatz der Macht der Arbeiterklasse gegen die Kapitaloffensive dem Kapital die Angriffe auf die Arbeiterklasse erleichtert. Das politische Versagen der Gewerkschaftsleitung hat die Ohnmacht der Arbeiterklasse bewirkt und es den von den Unternehmern ausgehaltenen faschistischen Organisationen möglich gemacht, in die Peripherie der Arbeiterschaft einzudringen und in Betrieben aktive Streikbrechergarden zu schaffen. Das Ergebnis dieser Politik der Gewerkschaftsleitung ist somit eine Schwächung der Position der Gewerkschaften gegenüber dem Unternehmertum. Die faschistischen Kräfte, deren Ziel die Vernichtung der Gewerkschaften ist, sind — wie die Ausschaltung des Parlaments, die offene Diktatur Hindenburgs u.a.m. beweist — in bedrohlichem Maße gewachsen.

Die gewerkschaftlichen Organisationen können nur dann ihre Macht entwickeln, die wirtschaftlichen Interessen der Lohnarbeiter erfolgreich wahrnehmen, wenn sie nicht durch Rücksichten auf den kapitalistischen Staat und die Erfordernisse seiner Wirtschaft gebunden sind, sondern wenn alle ihre Machtmittel in den Dienst des politischen Kampfes gegen das Kapital und seinen Staat gestellt werden. Die Erschwerung der Führung von Lohnbewegungen durch die fortschreitende Konzentration des Kapitals und die dauernde Massenarbeitslosigkeit kann nur wettgemacht werden, wenn die Gewerkschaften ihre Macht über den reinen Lohnkampf hinaus im politischen außerparlamentarischen Kampf gegen die Anschläge des Kapitals einsetzen. Die heutige Situation, in der die Bourgeoisie ihre Gelüste nach einer offenen Diktatur offen zur Schau trägt, und die Regierung sich in Wort und Tat über die Rechte des Parlaments hinwegsetzt, zeigt mit aller Klarheit, daß die Bourgeoisie nicht mit ausschließlich parlamentarischen Mitteln geschlagen werden kann. Im außerparlamentarischen Kampf ist die Arbeiterklasse aber unbesiegbar, weil sie zahlenmäßig der stärkste Volksteil und in der Produktion der ausschlaggebende Faktor ist.

Die Einheit der Arbeiterklasse ist in solcher Lage ein dringendes Gebot. Diese Einheit kann aber nicht die Kampffähigkeit und Schlagkraft der Arbeiterbewegung erhöhen, wenn sie der Koalitionspolitik und der Arbeitsgemeinschaft dienstbar gemacht werden soll. Eine solche Einheit ist weder wünschenswert noch möglich, sie ist nur erreichbar, wenn die Gewerkschaften und insbesondere der DMV. die Arbeiterklasse für ihre nächstliegenden Interessen (Siebenstundentag, gegen Lohnabbau, mit und ohne Schlichtungsinstanz, gegen den Abbau der Sozialpolitik, gegen Zoll- und Steuerbelastung usw.) in die außerparlamentarische Aktion führen wird. Die politischen Erfolge des Unternehmertums stärken die Position der Unternehmer im Lohnkampf. Die staatsbejahende Politik der Gewerkschaftsleitung hemmt sie in der rücksichtslosen Durchkämpfung von Lohnkämpfen. So ist die Verbandsleitung durch ihre grundsätzliche Anerkennung der Zwangsschlichtung und Unterordnung unter die Entscheidung der staatlichen Schlichtungsbehörden — in einer Zeit, wo die Unternehmer und die Schlichtungsinstanzen offen im Dienst des Lohnraubes stehen — oft notwendigen Kämpfen ausgewichen oder hat, wo es zu Kämpfen kam, diese mit ungenügenden oder negativen Ergebnissen abgebrochen.

Die Einsetzung der Macht der Gewerkschaften im politischen Kampf ist gerade vom Standpunkt der einzelnen Lohnbewegungen wichtig. Wenn die Arbeiterschaft ihre politische Abwehr gegen die Maßregeln des kapitalistischen Staates organisiert, wenn sie hier erfolgreich ist, wird sie auch gegenüber den Unternehmern die Stärke gewinnen, die nötig ist, um unter den erschwerten objektiven Bedingungen der Gegenwart Lohnkämpfe zu führen. Dazu aber müssen die Gewerkschaften nicht im Sinne der Bejahung des kapitalistischen Staates, sondern im Sinne des Kampfes der Arbeiterklasse gegen diesen Staat für den Sozialismus eingestellt sein.

Der Verbandstag mißbilligt deshalb die Politik und Taktik des Verbandsvorstandes.

Gegen die faschistische Gefahr:
Das rapide Anwachsen der faschistischen Bewegung bedeutet eine ungeheure Gefahr für die freien Gewerkschaften. Das Ziel der Faschisten ist die Errichtung einer Diktatur, die alle Rechte der Werktätigen zunichte macht und alle vom faschistischen Staatsapparat unabhängigen Arbeiterorganisationen, insbesondere die freien Gewerkschaften, vernichtet. Bereits heute sehen wir einen faschistischen Massenterror, der, wenn keine Gegenwehr der Arbeiterklasse erfolgt, die Gefahr italienischer Zustände in die Nähe rückt. Systematisch werden mit Hilfe der Unternehmer faschistische Zellen in den Betrieben geschaffen, die bei Arbeitskämpfen den Gewerkschaften als organisierte Streikbrechergarden in den Rücken fallen.

Nur durch eine kühne Politik des Klassenkampfes kann die faschistische Gefahr, die die Existenz der freien Gewerkschaften und die Errungenschaften eines jahrzehntelangen Kampfes bedroht, gebannt werden. Jede Politik der Zusammenarbeit mit dem Unternehmertum und dem bürgerlichen Staat begünstigt ein Wachstum des Faschismus.

Der Verbandstag beschließt: Der Vorstand des DMV. hat die gesamte Organisation in den Dienst des einheitlichen Kampfes der Arbeiterklasse gegen den Faschismus zu stellen. Zu diesem Zwecke fordert der DMV. alle Arbeiterorganisationen ohne Unterschied der politischen Richtung auf, überall überparteiliche antifaschistische Komitees zu bilden und Abwehrorganisationen gegen den Faschismus zu schaffen, die zum Unterschied von den bisherigen parteipolitisch beschränkten Wehrorganisationen alle Kräfte der Arbeiterklasse zusammenfassen.

Verzeichnis der verwendeten Literatur:

Arbeiterbewegung und Arbeiterkultur in Stuttgart 1890 - 1933, Württg.Landesmuseum. Stuttgart 1981
Bassler, Siegfried: Mit uns für die Freiheit - 100 Jahre SPD in Stuttgart. Stuttgart 1987
Bohn, Willi: Stuttgart geheim! Widerstand und Verfolgung 1933 - 1945. Frankfurt/Main 1978
Das neue Wort, Heft 4. Stuttgart 1946
Dickhut, Willi: So war's damals - Tatsachenbericht eines Solinger Arbeiters 1926 - 1948. Stuttgart 1979
Fichter, Tilman / **Eberle**, Eugen: Der Kampf um Bosch. Berlin 1974
Haag, Lina: Eine Handvoll Staub. Frankfurt/Main 1977
Hofer, Walter: Dokumente des Nationalsozialismus. Frankfurt/Main
Kaiser,P.M.: Monopolprofit und Massenmord im Faschismus. Köln 1975
Kaspar, Fritz: Schicksale der Gruppe G., Stuttgart, 1985
OMGUS: Ermittlungen gegen die Deutsche Bank. Nördlingen 1985
Opitz, Reinhard (Hrsg): Europastrategien des deutschen Kapitals 1900-1945. Köln 1977
Pieck, Wilhelm: Reden und Aufsätze Band 1. Berlin 1950
Schlotterbeck, Friedrich: Je dunkler die Nacht - Erinnerungen eines deutschen Arbeiters 1933 - 1945. Stuttgart 1988
Schreiber, Peter Wolfram: IG Farben - die unschuldigen Kriegsplaner, Stuttgart, Düsseldorf. 1987
Stuttgart im 2.Weltkrieg, Ausstellungskatalog der Reihe "Stuttgart im Dritten Reich. Gerlingen 1989
Zelzer, Maria: Stuttgart unterm Hakenkreuz, Chronik 1933 -1945., Stuttgart 1983

Weitere Literaturhinweise:
Romane/Erzählungen:
Apitz,Bruno : Nackt unter Wölfen. Frankfurt/M 1979
Birkert, Emil: Am Rande des Zeitgeschehens, Stuttgart 1983
Eberle, Eugen /**Grohmann**,Peter: Die schlaflosen Nächte des Eugen E, Stuttgart 1982.
Langhoff,Wolfgang: Die Moorsoldaten. Stuttgart 1978
Geschichtsdokumentationen:
Czichon, E.: Wer verhalf Hitler zur Macht? Köln 1976
Dickhut, Willi: Proletarischer Widerstand gegen Faschismus und Krieg. Düsseldorf 1987
Höpfner, Edith: Stuttgarter Arbeiterbewegung zwischen Republik und Faschismus. Stuttgart 1984
Kühnl, Reinhard: Der deutsche Faschismus in Quellen und Dokumenten. Köln 1975
Kogon, Eugen: Der SS-Staat.München 1979
Lechner, Silvester: Das KZ Oberer Kuhberg und die NS Zeit in der Region Ulm. Stuttgart 1988
Letsche, Lothar: Lilo Herrmann - eine Stuttgarter Widerstandskämpferin, Stuttgart 1989
Omgus: Ermittlungen gegen die IG-Farben. Nördlingen 1986

Omgus: Ermittlungen gegen die Dresdner Bank. Nördlingen 1986
Schätzle, Julius: Stationen zur Hölle, Konzentrationslager in Baden-Württemberg 1933-45. Frankfurt/Main 1974
Schwemmle, Michael: Vor Sonnenuntergang - Dokumente zur Geschichte der Arbeiterbewegung in Stuttgart 1929-1933, Hamburg 1990.
Weisenborn, G.: Der lautlose Aufstand - Bericht über die Widerstandsbewegung des dt. Volkes von 1933 - 1945. Frankfurt/Main 1974

Bild - und Dokumentennachweis:

Zahlen in Klammer beziehen sich auf die Seiten dieser Broschüre.

Althaus, Hans-Joachim u.a.: Das ist nirgends nichts gewesen außer hier. Das rote Mössingen im Generalstreik gegen Hitler. Berlin 1982. (60-61)
Arbeiterbewegung und Arbeiterkultur in Stuttgart 1890 - 1933, Württg.Landesmuseum. Stuttgart 1981. (34,42)
Arbeitskollektiv verschiedener Bosch-Kollegen und politischer Gruppierungen: Halt dei Goesch, du schaffsch beim Bosch. Stuttgart 1986. (46)
Arbeitskollektiv verschiedener Daimler-Kollegen und politischer Gruppierungen: Kein Grund zum Feiern - 100 Jahre Daimler-Benz.Stuttgart 1986. (50 links unten)
Bassler, Siegfried: Mit uns für die Freiheit - 100 Jahre SPD in Stuttgart. Stuttgart 1987. (58)
Bohn, Willy u.a.: Vor 35 Jahren vollstreckt. Stuttgart o.J. (41)
Bohn, Willy: Transportkolonne Otto, Frankfurt/Main, o.J. (34)
Bohn, Willy u. a.: Vollstreckt - niemals vergessen, Stuttgart 1979 (41)
Brüdigam, Heinz: Das Jahr 1933 - Terrorismus an der Macht. Frankfurt/Main, 1978. (48)
Daimler-Benz Buch,Das : Nördlingen, 1987. (50)
Die IG Farben : Broschüre des Arbeitskreises "Geschichte der IG-Farben" an der Uni Stuttgart, Stuttgart 1975. (14)
DGB - Kreis Stuttgart (Hrsg): Arbeiterbewegung und Wiederaufbau - Stuttgart 1945 - 49. Stuttgart 1982. (67)
Erkämpft das Menschenrecht - Letzte Briefe aus Konzentrationslagern. Düsseldorf 1988 (69)
Höpfner, Edith: Stuttgarter Arbeiterbewegung. Stuttgart 1984. (58)
Gasparitsch,Hans: (28,30)
Kilian, Hannes: Die Zerstörung - Stuttgart 1944 und danach. Berlin 1984. (52)
Private Bestände der Verfasser: (11,13,40,44,55,64)
Widerstand im dritten Reich, in : Politik und Unterricht, Hrsg. Landeszentrale für politische Bildung, Heft 3/83. Villingen-Schwenningen 1983. (58)
Schwemmle, Michael: Vor Sonnenuntergang - Dokumente zur Geschichte der Arbeiterbewegung in Stuttgart 1929-1933, Hamburg 1990.(70,71)
Spuren jüdischen Lebens in Württemberg und nationalsozialistische Verfolgung. Ausstellungskatalog. Stuttgart 1988. (20,21,22)
Stuttgart, Stadtatlas, Berlin, 1988 (36,37)
Stadtjugendring Stuttgart e.V.: Auf den Spuren des dritten Reiches. Stuttgart, o.J. (13,20,30,32,44,68)
Stuttgart im 2.Weltkrieg, Ausstellungskatalog der Reihe "Stuttgart im Dritten Reich. Gerlingen 1989. (U2,52)